1週間で<ruby>英語<rt>ひとりで</rt></ruby>が話せる<ruby>よう<rt></rt></ruby>になるすごい方法

1週間でに

ひとりで

英語が話せる

ようになる

すごい方法

大井正之
Ooi Masayuki

JIYUKOKUMINSHA

はじめに

　この本は、読んですぐに英語が話せるようになっています。

　そして、読み進めていくうちに、英会話に対する自信がどんどんついていき、英語そのものにも強くなっていくように作られています。

> 最速 & 最短で英会話力が身につく！

　英語を話せるようになるには、正しい英文の組み立てとなる『英語の文型』を覚えることがポイントとなります。私たちが英語を苦手と感じるのは、単語が頭に浮かんでも、英文の組み立て方(語順)に悩むからです。

　けれども、この「英文の組み立て」は、「文型」を知っていれば、一発で解決できます。文型、すなわち、「英文の型」さえ、覚えておけば、あとはそこへ、状況に応じて、単語やフレーズ（句）を組み入れていけばよいのです。そうすれば、何でも英語で話せるようになります。

　文法の規則は、言語の型を説明しようとするものなので、文法の学習とは、文型をマスターすることとも言えます。

　これからは、英語を話すときに文法をいちいち考える必要はありません。なぜなら、この〝文型自体が正しい文法を使ってできたもの〟だからです。

　面倒でこむずかしい文法上の規則は脇に置き、役立つ文型そのものをガチッと覚えてください。

　それが、英語の〝最短の上達法〟です。

本書では、私たちの日常生活で頻繁に使われる英語を徹底的に分析、吟味して、学習しやすいように「100の基本文型」に整理、体系化しました。これらの文型を用いた英文が頭の中に入ってくるにつれて、あなたの英語力はみるみるうちに強化されてきます。その速さと効果は驚異的で、すぐに英語が口をついて出てくるようになります。さらに、英語を話す際に、あなたの助けとなるテクニックを満載した㊙レシピも初公開していますので、併せてご活用ください。

　これからは、この本も、あなたの外出に一緒におともをさせてください。この本の内容は、あなたにとって必ず役に立つはずです。新しい表現やフレーズを耳にしたり、何かを言いたい時には、すぐにこの本のページを捲って、調べてみてください。
　そして、この本の余白にメモを取ったり、書き込んだりしていくと、さらに英語の表現の幅が広がっていきます。それは世界でたった1冊の〝あなただけの英会話用の本〟になります。
　愛着のある本と共に、身体と頭に入った英語は、あなたの一生ものの宝物になります。

　英語は、今から話せるようになります。

大井正之

《カバーの「宝探し」について》
この本のどこかに「お宝」があります。
お楽しみに！

本書の特徴

この本の特徴は、次の通りです。

- 日常会話や、仕事などでもっともよく用いられる英文を徹底的に調査して、100の文型パターンを選び出しました。この100の基本文型は、みなさんがよく知っているシンプルな文型から順に効率よく身につけられるような配列になっています。

- 各項目は、左ページに英文、右ページにその詳しい解説という「見開き完結型」になっているので、読みやすく、ページを追う毎に新しい文型と役立つ表現を楽しみながら学習できるようになっています。

- 各ページの例文のすべてが、日常会話で頻出する実用的な英文なので、そのまますぐに用いることができます。さらに、解説中で紹介する語（句）に入れ替えて色々な英文を自分で作る練習ができることも大きな特色です。

- 解説では、堅苦しい文法用語を避けて、私たちの普段着の言葉による説明にしてありますので、文法や英語学習に苦手意識のある方でも、無理なく読み進められるようになっています。

- 本書に登場する英文を音読し、覚えていくと、Speaking（話す力）だけでなく、Listening（聴く力）も身に付くようになっています。

- 通勤・通学などの揺れる電車内でも読みやすいように、英語表現はできるだけ2行に分かれないように配慮しました。

- 正しい発音・アクセントも、見てすぐに覚えられるようにカタカナ表記で示しました。アクセント（強めるところ）は、赤色にしてあります。（右ページ下段を参照。）

- 本書では、英語を母国語とするネイティブスピーカーの方々の助言を受け、日常のさまざまな場面に対応できる表現を集録しています。

本書の構成

　本書は、3つの Part と特別付録から成っており、そのすべてが Speaking（話す）・Listening（聴く）だけでなく、Reading（読む）・Writing（書く）にも直結しており、英語力全体（4技能）が同時に身につけられるような内容・構成になっています。

|構成|

Part 1　　100 の基本文型とその具体的な使い方

Part 2　　㊙レシピ1　接続詞で「連結英会話」

　　　　　㊙レシピ2　日本語→英語のクイック変換法

　　　　　㊙レシピ3　英語を話す時間レシピ

Part 3　　㊙レシピ4　魔法の漢字でネイティブ発音

　　　　　㊙レシピ5　『前置詞』を使った英会話

特別付録　日常会話でよく使う「お役立ち 便利な単語・フレーズ集」

巻末　　　確認用に、見出し文に登場した基本 100 文型の一覧

　各 Part では、英会話にそのまま使える英文だけでなく、さまざまなシチュエーションに対応できる、入れ替え自在の単語・フレーズの使い方も、丁寧に解説しています。

　本書1冊で、かなりのレベル内容まで英語を習得することができますが、基本的に全体の内容は平易（へいい）な英文をベースにして書かれています。そのため、英語が苦手だった方でも安心して読むことができるようになっています。

　もちろん、順番を気にせずに、その日の気分によって、気の向くままに、お好きなページを読んでもかまいません。どのページも、大きな効果が上がるようになっているので、いつでも、この本を開くようにしてください。そうすれば、日毎にあなたの英語力がレベルアップしていきます。

|本書の表記について|

・[　]は、その直前の単語と入れ替えできることを示しています。

・(　)は、英語や日本語訳で、省略できることを示しています。

・英単語の発音は、alligator〈アリゲイター〉のように、アクセント（強く発音するところ）を赤文字で示しました。

本書の使い方

1週間で英語がひとりでに話せるようになる方法

PART1「思わず口をついて出る！英会話簡単レシピ」の例文を、1から順に1日3項目ずつ覚えていってください。→最初の1週間で、合計21項目になります。

まず、
この英文を
覚えましょう。

思わず口をついて出る！ネイティブ英会話文型 **1**

This is a pinecone.
これは松ぼっくりです。 ・pinecone〈パインコウン〉（松かさ）

This is 〜 . （これは〜です。）

これが英文の型に
なります。

わかりやすい解説で
ポイントがつかめます。

This is 〜 . の問いは、This と is を逆にして Is this your car?（これはあなたの車ですか？）のようにします。返事は Yes, this is. ではなく、Yes, it is. / No, it isn't. です。

次に、
ここを音読し（声を
出して読み）ながら、
使い方をマスターし
ましょう。
楽しいイラストも、
学習の応援に
なります。

① **This is Noah Nicholl, Akane.**
茜、こちらはノア・ニコルさんよ。

② **Hello, this is Sato speaking.**
もしもし、こちらは佐藤です。

③ **This is my twenty-first birthday.**
今日は私の21回目の誕生日です。

④ **Is this a train for Boston?**
これはボストン行きの電車ですか？

⑤ **This restaurant is all-you-can-eat for 2000 yen.**
このレストランは、2000円で食べ放題です。

こういう使い方も
あります。
覚えておくと
便利です。

さらに応用 ステップアップ
This is the shortest way to the station.
これが駅へ行く一番近い道です。
This key ring is a free gift.
このキーホルダーはオマケです。 ・「キーホルダー」は和製英語。
"Is this machine-washable?" "Yes, it is."
「これって、洗濯機で洗えますか？」「はい、大丈夫ですよ」

20

これで、be 動詞・一般動詞・助動詞の文から特殊疑問文まで、英会話で用いる基本的な表現力と英語に対する自信が、確実に——魔法のように——身につきます。

\ 忘れない！/

・This is ○○ .（これは○○です。）は、話す人の目の前にある物や、いる人をさして、相手に伝えるときに使います。
・This is for you. と言いながら贈り物を渡せば、「これをあなたに差し上げます」という意味になります。
・否定形は This isn't / This is not 〜 . 疑問形は Is this 〜 ?。

→ 基本文型の解説になります。

お役立ちレシピ
Is this 〜 ? という場合、そのものを指して話すと、よりハッキリと相手に伝わります。外国では、行き先の確認は必須です。特に④の表現は暗記しておきましょう。

→ 知っておくと役立つアドバイスです。

① 人を紹介するときには、He's ／ She's …. とは言いません。日本語でも「こちらは○○さんです」と言うでしょう。

→ 左ページの英文の詳しい説明です。特に大切な内容は赤色で強調しています。なるほど！と納得できるポイント解説。

② 電話の呼びかけ「もしもし」は、Hello. を1回。I am 〜ではなく、this is 〜と言います。speaking は省略しても OK です。

③ this には、「今日、今、今回」や、「ここ、この場所」の意味もあります。This is a nice place.（ここは素敵なところです。）

④ この for は「…行きの」です。a train → the right train（正しい電車）にしても OK。バスにも使えます。

⑤ this ＋単数形の名詞で「この…」の意味になります。2000 の読み方は、two thousand（複数の -s は不要）。「飲み放題」なら、all-you-can-drink。

Hello, this is Sato speaking.
もしもし、こちらは佐藤です。

→ イラストで会話をビジュアルにインプット！

思わず口をついて出る！英会話簡単レシピ

本書の使い方

目　次

Part 1
思わず口をついて出る！
英会話簡単レシピ

Part 2
英会話力ぐぐっとアップ！
おすすめの㊙レシピ

目
次

Part 3

英会話力がさらにアップ！
おすすめの㊙レシピ

特別付録

日常会話でよく使う
「お役立ち便利な単語・フレーズレシピ集」

見出し文に登場したレシピ100文型一覧　268

音声データ（mp3形式）ダウンロードの方法

パソコンやスマートフォン、タブレットなどでPART1「思わず口をついて出る！英会話簡単レシピ」の100例文を聞くことができます。

① 下記のサイトにアクセスするか、QRコードを読み取ってください。
　　https://www.jiyu.co.jp/shakaikeizaijinbun/detail.php?eid=04266&series_id=s03

② ①のサイトの下の方にある「ダウンロード」の「『1週間でひとりでに英語が話せるようになるすごい方法』100文型英語音声」をクリックし、「自由国民社ファイルダウンロード」のダイアログボックスからzipファイルをダウンロードしてください。

③ zipファイルを解凍し（パスワード「taiyaki」）ご利用ください。
　　　　　　　　　　　　※本サービスは予告なく終了する場合があります。

Part1
思わず口を
ついて出る!
英　会　話
簡単レシピ

英文の型は、「鯛焼き調理法」におまかせ！

富島菜奈（とみじま なな）
23歳　百貨店社員1年目

　みなさん、初めまして。私が勤務する百貨店は駅と直結しているため、お客様の数はいつも多く、どの売り場も賑わっています。子供の頃から百貨店が大好きな私にとっては、毎日が楽しくてワクワクしています。私の担当は、8階のおもちゃ売り場です。

　外国からのお客様もよく来られ、日本製の玩具の材質や使い方、安全性などを尋ねてこられます。

　私、英語は得意ではないのですが、わかる範囲で英単語をつなげて説明しています。すらすらと英語を喋れたらいいのになあと思うのですが、自分でイチから英文を組み立てようとすると、時間が掛かりすぎてしまうのです。お客様相手で、これじゃ、いけないと反省し、もっと簡単に英文を作る方法はないものかと思案していました。

　そんなとき、休憩時間に地下の鯛焼き売り場を覗いた際に、ふっとある考えがひらめいたのです。それは、あらかじめよく使う英文の型となる骨組みを決めておいて、あとは必要に応じて単語やフレーズなど、一部分だけを取り替えていくという方法です。私は、これを「必殺鯛焼きアンコ入れ替え英会話」って呼んでいます（笑）。

　みなさんご存知と思いますが、鯛焼きは一定の型が決まっていて、そこへ、粒あんや白あん、クリーム類なんかを流し込みます。つまり、中のアンコ類だけが替わるわけです。私は、これをそのまま英語に応用したのです。

　あとで知ったのですが、このやり方は実際にあって、『パターンプラクティス』と呼ぶそうですね。

さて、ここからが本題なのですが、これだけあれば英語を話すことができるようになるという英文の型を100項目用意いたしました。この100文型は、当百貨店の社員研修に定期的に来てくださっている英国人のネイティブスピーカー、Billy先生のアドバイスをもとにしてできたものです。余談になりますが、Billy先生は日本に住んで25年。奥様も日本の方で、日本語も堪能なんですよ。

　これらの文型を身につければ、英語を発話するときでも、メールするときでも、英文の組み立てが即座にできるようになります。

　使い方は、いたって簡単です。各ページの上に出ている見出し英文を覚えたら、この文型に当てはまる英文用例を声出ししながら、どんどん自分のものにしていくのです。これらの英文すべてが、すぐに使える表現ばかりなので、色々なシチュエーションに対応できるようになります。

　開始すればすぐに、バラバラの単語ではなく、文型全体として理解し、覚えていく方法に慣れてくるでしょう。そして、文型と共に英文やフレーズが頭に入ってくるにしたがって、あなたの英会話の実力はぐんぐんついてきます。

　では、私も応援していますので、頑張ってくださいね！

This is a pinecone.

これは松ぼっくりです。　・pinecone〈パインコウン〉（松かさ）

This is ～ .（これは～です。）

This is ～ . の問いは、This と is を逆にして Is this your car?（これはあなたの車ですか？）のようにします。返事は Yes, this is. ではなく、Yes, it is. / No, it isn't. です。

① **This is Noah Nicholl, Akane.**
　茜、こちらはノア・ニコルさんよ。

② **Hello, this is Sato speaking.**
　もしもし、こちらは佐藤です。

③ **This is my twenty-first birthday.**
　今日は私の 21 回目の誕生日です。

④ **Is this a train for Boston?**
　これはボストン行きの電車ですか？

⑤ **This restaurant is all-you-can-eat for 2000 yen.**
　このレストランは、2000 円で食べ放題です。

 さらに応用 ステップアップ

This is the shortest way to the station.
　これが駅へ行く一番近い道です。

This key ring is a free gift.
　このキーホルダーはオマケです。　・「キーホルダー」は和製英語。

"Is this machine-washable？" "Yes, it is."
　「これって、洗濯機で洗えますか？」「はい、大丈夫ですよ」

- This is ○○.（これは○○です。）は、話す人の目の前にある物や、いる人をさして、相手に伝えるときに使います。
- This is for you. と言いながら贈り物を渡せば、「これをあなたに差し上げます」という意味になります。
- 否定形は This isn't / This is not 〜 . 疑問形は Is this 〜 ?。

お役立ちレシピ

Is this 〜?という場合、そのものを指さして話すと、よりハッキリと相手に伝わります。外国では、行き先の確認は必須です。特に④の表現は暗記しておきましょう。

① 人を紹介するときには、He's ／ She's…. とは言いません。日本語でも「こちらは○○さんです」と言うでしょう。

② 電話の呼びかけ「もしもし」は、Hello. を1回。I am 〜ではなく、this is 〜と言います。speaking は省略しても OK です。

③ this には、「今日、今、今回」や、「ここ、この場所」の意味もあります。This is a nice place.（ここは素敵なところです。）

④ この for は「…行きの」です。a train を the right train（正しい電車）にしても OK。バスにも使えます。

⑤ this ＋単数形の名詞で「この…」の意味になります。2000 の読み方は、two thousand（複数の -s は不要）。「飲み放題」なら、all-you-can-drink。

Hello, this is Sato speaking.
もしもし、こちらは佐藤です。

That's a hippopotamus.

あれはカバです。 ・hippopotamus〈ヒパポタマス〉（カバ）

That is ～ . （あれは～です。）

「あれが僕の豪邸だ」「あちらはトムです」のように、That is ～ . は遠くにある物・人をさすときに使います。聞くときは Is that ～?、返答は Yes, it is. / No, it isn't. です。

① **That's all.**
　（注文は）それで以上です。

② **That's not fair!**
　そんなのズルイよ！

③ **Is that enough?**
　それで足りますか？

④ **Hello. Is that Mr. Green's?**
　もしもし、そちらはグリーンさんのお宅ですか？

⑤ **That glass sculpture is awesome!**
　あのガラス彫刻、すごいわ！

 さらに応用 ステップアップ

That's such a cool hairstyle.
　あれって、すごくかっこいいヘアスタイルだね。
That melon bread is limited to eighty a day.
　あのメロンパンは、1 日 80 個限定です。《パン屋で》
"Is that a natural hot spring?" "No, it isn't."
　「あれは天然の温泉ですか？」「いいえ、違います」

・手近なものを表す This に対し、That（あれは）は、話し手から離れている物や人を指すときに使います。話し言葉では That is を That's と短縮形にします。
・否定形は That isn't / That's not 〜．疑問形は Is that 〜？。
・that には「それ」「その」「あの」などの意味もあります。（下記参照）

お役立ちレシピ
That's ○○．で「それって○○だね」となります。
That's a good idea.（それはいい考えだね。）/ That's right.（そのとおりです。）/ Is that so?（それって本当ですか？）

① レストランの注文時、「以上、それで終わりです」とか、買い物をして「それで全部です」など、色々に使えます。

② fair〈フェア〉は「公平な」の意味。not が入ると「…ではない」という否定文になります。「公平ではない→ズルい」。

③ enough〈イナフ〉は「十分な、足りる」。子供の悪さを叱るときの「いいかげんにしなさい」は That's enough. と言います。

④「○○さんのお宅」は、相手の名前に「's」を付けて表します。Is that 〜？は英国式で、米国では Is this 〜？を用います。

⑤ that ＋単数名詞で「あの…」。awesome〈オーサム〉は「素晴らしい、すごい」の口語。sculpture〈スカルプチャー〉（彫刻品）

That's enough.
いいかげんにしなさい。

It's a lovely day.

すばらしい日だね。

It is 〜 . （それは〜です。）

「今日は晴天だ」「外はとても寒いよ」「6時です」を言うとき、英語では、
It's fine today. / It's so cold outside. / It's six o'clock. のように、It's 〜 . で
表します。

① **It's a must-see.**

それ、必見ですよ。

② **（It's a）piece of cake.**

朝飯前[簡単]だよ。

③ **It's three thousand five hundred yen per person.**

一人 3,500 円です。

④ **It's not my favorite.**

それ、苦手なの。

⑤ **It's four stops from here.**

そこは、ここから 4 つ目の駅です。

 さらに応用 ステップアップ

（It's a）small world.

世間は狭いものですね。《思いがけない所で知人に会った時》

It's your neighbor.

隣の者です。《「どなたですか？」に対して》 ・neighbor〈ネイバー〉（隣人）

Is it Friday the 13th today?

今日って、13 日の金曜日？ ・13thはthirteenth〈サーティーンス〉と発音。

・月、日、曜日、時刻、天候の晴れや雨、暑いとか寒い、から、私たちの身のまわりの事情まで、色々なものが It is ～. で表されます。
・It(それは)は、日本語にしない場合があるため、It is(短縮形は It's)を省略することもあります。
・否定形は It isn't / It's not ～ . に、疑問形は Is it ～ ? になります。

お役立ちレシピ
It's the wrong way. (そっちじゃないですよ。)、It's the other way. (反対方向です。)のように、It's は人に方角を教えるときにも使えます。wrong〈ロング〉は「間違った」、way は「方向、方角」。

① must-see (必見のもの)。助動詞 must の連結形です。名詞なので、冠詞の a が付きます。must-read なら、「必読のもの」。

② a piece of cake は「楽にできること」の意味。ケーキは柔らかいので、苦もなく食べられることから、この意味になりました。

③ per person は「1 人につき」の意味。会費などを集めるときに使える表現です。1 万円なら、ten thousand yen となります。

④ 好みではない食べ物や香辛料、店で苦手な色柄を勧められたときなどに。favorite〈フェイバリット〉は「大好物、お気に入りの」という意味。not が付くと「苦手」になります。

⑤ 行き先の駅を聞かれたときは、相手の乗る電車・バスなどの「ここからの実際の停車数」を教えてあげるのがポイント。
▶ stop は「停車駅、停留所」。

(It's a) piece of cake.
朝飯前だよ。

I'm very hungry now.

私は今、腹ぺこだ。 ・I'm a bit hungry.（小腹がすいた。）

I'm 〜 .（私は〜です。）

「我が輩は犬である」は、I'm a dog. です。どこかの社長でも、学生でも、奥様でも、自分が○○である、というときには、みんな I am 〜 . で表します。

- -

① **I'm off.**

行ってきます。 /（そろそろ）帰ります。

② **I'm on my way.**

今そちらに向かっています。

③ **I'm dead tired.**

私はくたくたに疲れている。

④ **I'm into drinking at home these days.**

最近、家飲みにハマってるんだ。

⑤ **I'm a fan of online shopping.**

ネットショッピングが好きなんです。

- -

 さらに応用 ステップアップ

I'm a bit under the weather.

ちょっと体調が悪いんです。 ・under the weather（気分がすぐれない）

I'm not in the mood.

そんな気分になれないんです。

Am I in the picture?

その写真に、私写ってる？《写真を持つ友人に》

- 「私は○○です」は、I am 〜。会話ではこれを縮めて I'm にします。否定形は I'm not 〜に、疑問形は Am I 〜？になります。
- 基本は「私＝○○」。sleepy（眠い）、nervous〈ナーバス〉（緊張して）、thirsty（のどが乾いた）、full（満腹で）など、状態を表す単語もできるだけ多く覚えましょう。

> お役立ちレシピ
> I'm 〜. は、I'm twenty (years old).（僕は20歳です。）、I'm from Japan.（私は日本の出身です。）、I'm a part-timer.（私はパートです。）のように、名前、年齢、出身、職業などを言い表すことができます。

① この off は「去って、出発して」の意味で、出かける［行く］ときに使います。I'm off to lunch（昼食に行ってきます。）I'm off today.（今日はオフだ。）の off は「休みで」の意味。

② on my way（途中で、向かって）▶点線部は主語に合わせて変化。on my way home なら「家へ帰る途中で」です。

③ 疲れて死んじゃった、のではありません。dead は「まったく」の意味です。面白い言い方として、I'm dog-tired. とも言います。

④ I'm into 〜で「私は〜に夢中になっている、〜がとても好きだ、〜に非常に興味がある」です。「〜」のところに cosplay（コスプレ）、workout（筋トレ）、simple living（断捨離）なども。

⑤ I'm a fan of 〜は、「〜が好きです」の意味。「〜があまり好きじゃない」と柔らかく言いたいときは、I'm not a big fan of 〜 とします。

I'm dead tired.
私はくたくたに疲れている。

Are you free tonight?

今夜、おひま？

Are you 〜 ？（あなたは〜ですか？）

1人を表す「あなた」や「きみ」も、2人以上を指す「あなたたち」も、英語では you です。You are 〜 .（あなた（方）は〜です。）のように、「〜です」には are を用います。

① **Are you available tomorrow afternoon?**
明日の午後、お会いできますか？

② **Are you in line?**
並んでいるんですか？《店、ATM などの前で》

③ **Are you through for today?**
今日は、もうおしまい？

④ **You are a lifesaver.**
あなたは命の恩人です。

⑤ **You're interested to see my cooking recipe, aren't you?**
私の料理レシピが見たいんでしょう。

さらに応用 ステップアップ

You're a very quick learner.
あなたは物覚えがとってもいいね。

You're not in a panic in any case, are you?
君はどんな場合でも、あわてないね。

Are you interested in shrines and temples in Japan?
あなたは日本の神社仏閣に興味をお持ちですか？ ・temple((仏教の)寺)

- You are 〜 .（あなたは〜です。）を短縮形にすると、You're。
- 「今、忙しい？」「元気ですか？」など、「あなた」のことを尋ねる疑問文は Are you 〜?。その答えは Yes, I am. / No, I'm not. の他、Yes, very.（うん、すごく。）No, not very.（いや、あまり。）など。
- 否定形は、You aren't 〜 . か、You're not 〜 . になります。

お役立ちレシピ
人間の会話は「私」と「あなた」で成立します。英語の You には、「あなたは」だけでなく、2人以上を表す「あなたたちは」「諸君は」という意味もあります。

① available〈エベイラブル〉は、「(人が) 手があいている」の意味。Are you available for the meeting? なら、「会議に出られますか？」です。

② in line は「列になって」。この You は「あなた方は」。声がけの Please stand in line.（1列に並んでください。）にも使えます。

③「今日の仕事(勉強)はもうすんだ？」ということ。finished と言わずに、through でスルーッとやってのけたところがミソ。

④「ライフセイバー」とは主に「水難の人命救助者」のことですが、書類のミスを教えてもらった程度でも使えます。

⑤ be interested to +動詞の原形〜は「〜したい、〜してみたい」という意味。「aren't you?」は、「…だね」の付加疑問文。

You are a lifesaver.
あなたは命の恩人です。

He's a vet.

彼は獣医です。　・vet〈ベット〉（獣医 animal doctor）は
veterinarian〈ベテリネアリアン〉の口語。

He / She is 〜 .（彼 / 彼女は〜です。）

「彼」「彼女」という日本語は若い人物を連想させるかもしれませんが、中年
のおじさんも、お年寄りの女性も、英語ではすべて He / She で表します。

・・・

① **She's my old flame.**

彼女は僕の昔の恋人なんだ。

② **She's interested in dressing up in Halloween costumes.**

彼女はハロウィーンの仮装をしたがっている。

③ **She's in her Sunday clothes today.**

彼女、今日は着飾っているな。

④ **He is called Iwata something or other.**

彼は岩田、何とかという名です。

⑤ **He's not in charge of money.**

彼は会計担当ではありません。

・・・

 さらに応用 ステップアップ

"Is she your aunt on your mother's side?" "Yes, she is."
「彼女はあなたの母方のおばですか？」「はい、そうです」

Your brother is surprisingly shy, isn't he?
あなたの兄さんて、意外に内気なんですね。

Machiko is a great cook. Her homemade oden is delicious.
真知子は料理が上手だ。彼女の手製のおでんは非常においしい。

- ・「彼 / 彼女は～である」は、He is / She is ～. で表します。
- ・He's / She's は、He is / She is の短縮で、会話でよく使われます。
- ・「彼 / 彼女は～ですか？」と尋ねる文は、Is he / she～？で表します。
  答え方は、Yes, he / she is. , No, he / she isn't. のように言います。
- ・否定の短縮形は、He / She isn't ～. と He's / She's not ～ .。

> **お役立ちレシピ**
> 人名や、My brother, Your sister などの場合も、be 動詞は is。
> Jun is my fave. (順は私の推しです。)
> ・fave〈フェイブ〉(お気に入りの人・物)

① 昔の恋人を old flame (古い炎) にたとえています。ひところ
   は身を焼くほど燃え上がった仲だったのに…。

② be interested in +～ ing は、「～したい、～してみたい」の意
   味にもなります。be interested to +動詞の原形も同じ意味で
   用いられます。

③ Sunday clothes とは、「晴れ着、(上等の) よそ行きの服」のこと。
   「日曜日」という特別な日のイメージから。Sunday best とも
   言います。

④ この something or other(何とか)という言い方は便利でしょ
   う。It's ～(それ)から始めれば、物の名前を思い出しにくい
   ときにも使えますよ。

⑤ 「…ではない」の否定文は、短縮形の He's not / She's not ～
   でよく使われます。in charge of は「…を担当して」の意味。

She's in her
Sunday clothes today.
彼女、今日は着飾っているな。

They're newlyweds.

彼らは新婚だ。　・newlywed〈ニューリウェド〉（新婚の（人））

They are〜.（彼らは〜です。）/ **We are〜.**（私たちは〜です。）

「私の兄と父」「山田君とジョージ」「彼の姉と妹」「明とあゆみ」などのコンビは They で、「あなたと私」「悪友の北川と俺」などの「私とのタッグ」は We で表されます。

① **We're all set.**

　準備はすっかりできました。

② **We're curious about something.**

　私たちが、ちょっと気になっていることがあるのですが。

③ **We're not good at singing.**

　私たちは、歌は得意じゃないのです。

④ **They're the same age.**

　彼女らは同い年です。

⑤ **Are they allergic to pollen?　Yes, they are.**

　彼らは花粉症かい？　ええ、そうなんです。

 さらに応用 ステップアップ

We're in a great hurry.

　私たち、メッチャ急いでいるんです。

They are fed up with her complaints.

　彼らは彼女の愚痴にうんざりしている。・complaints〈コンプレインツ〉

Adachi and Yui are on a business trip to Tokyo with our boss now.

　足立くんと由依は今、当社の社長と一緒に東京へ出張中です。

・We（私たちは）、They（彼らは）は、2人または2人以上を表し、be動詞には are を用います。短縮形は We're / They're です。
・Tom and Kei や Aki and I のように人名の場合も、are を用います。
・否定文は We aren't 〜 / They aren't 〜。質問は Are they 〜？（彼（女）らは…ですか？）、答えは Yes, they are. / No, they aren't.。

お役立ちレシピ
they を「彼らは」といちおう訳しますが、男性ばかりとは限りません。女性ばかりのときは当然、「彼女らは」と訳します。また、物体の場合は、「それらは」となることもお忘れなく。
They are mine.（それらは僕のものです。）

① all set は「準備ができている」という意味。催し物や旅行の担当者が「手配は全て完了しました」と言うときにも。

② curious〈キュアリアス〉は「興味[好奇心]がある」。
about something（あることについて）が、「ちょっと…」の意味合いを表します。

③ not をとると「〜が得意です」となります。歌以外にもお使いください。We're not のように言うと、否定していることがきちんと伝わります。

④ same〈セイム〉（同じ）は普通、the を付けて用います。the same color（同色）、the same floor（同じ階）、the same size（同じ大きさ）、the same price（同じ値段）など。

⑤ allergic〈アラージク〉は「アレルギー（体質）の」、pollen〈ポレン〉は「花粉」の意味。I'm allergic to eggs. なら、「私は卵アレルギーです」。

Are they allergic to pollen?
  Yes, they are.
彼らは花粉症かい？
  ええ、そうなんです。

33

I know his secret.

私は彼の秘密を知っている。

I know 〜 .（私は〜を知っている。）

「私は彼女を知っている」は I know her. ですが、これは会って話したことがある、面識があるということを意味します。

① **I know nothing about that.**

その件については何も知りません。

② **She knows sumo very well.**

彼女は相撲通だ。

③ **Misa knows her way around here.**

美紗はこのあたりの地理に詳しい。

④ **I know how to get there.**

行き方は分かります。

⑤ **I don't know her very well.**

私は彼女のことはあまりよく知らない。

 さらに応用 ステップアップ

I know her only by name.

彼女のことは、名前だけは知っています。

I know Ken and Suzu love each other.

私は、健と鈴が相思相愛の仲であることを知っている。

She knows the password to unlock her husband's smartphone.

彼女は、夫のスマホのロックを解除するパスワードを知っている。

- know は「…を知っている」です。人を知っている場合、その人と知り合いであるということです。「間接的に知っている」場合は know of とします。I know of him.（彼のことは聞いて知っている（が、直接会ったことはない）。）
- I know the recipe by heart.（レシピは暗記しています。）のように「〈知識など〉をしっかり覚えている」というときにも使えます。
- 「〜を知らない」という否定文は、I don't know 〜 . になります。

お役立ちレシピ
主語が He / She / 人名などのとき、英語では、②の knows のように動詞に -s を付けます。ただし、He and I とか、Tom and Betty のように 2 人以上のときは、この -s は不要です。

① 〜 nothing about…（…について何も〜ない）。nothing を something にすると「…について多少知っている」となります。

② 「○○通」とは、「○○に詳しい→○○をよく知っている」ということ。She knows a lot about sumo. とも言えます。

・a lot（多くのこと）

③ knows her way around 〜で「〜の地理に明るい」という意味です。　ここは、主語に合わせて替えてお使いください。

④ how to ＋動詞で「…の仕方」です。動詞に go ではなく、get を使うのは、get が「行き着く」の意味を表すからです。

⑤ 全然知らないわけではないけれど、さりとてよくは知らない。そんなときには、こう言えばよいでしょう。

She knows her way
around this area.
彼女はこのあたりの
地理に詳しい。

I have little luck today.
今日はツイてない。

I have 〜 . （私は〜を持っている。）

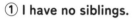

have は「手に持っている」という意味だけでなく、have a party（パーティーを開く）、have an accident（事故にあう）のように、実に色々な意味で使うことができます。

① **I have no siblings.**
　私には、兄弟姉妹はいません。

② **I have a slight cold.**
　私は風邪気味です。

③ **I have an idea!**
　いいことを思いついたわ！

④ **I have an appointment with her at three (o'clock).**
　３時に彼女と会う約束があります。

⑤ **I've something to ask you.**
　お聞きしたいことがあります。

 さらに応用 ステップアップ

I have Mondays off.
　私は毎週、月曜日は休みなのです。

I have a bad feeling about this.
　これについては、いやな予感がするんだ。

I had a hunch you'd come.
　キミが来そうな気がしたんだよ。　・hunch〈ハンチ〉（予感、虫の知らせ）

36

・have の基本は「何かと一緒にいる」。I have の短縮形は I've、過去形は I had になります。
　I had a good sleep last night.（昨夜はよく眠れた。）
・「食べる・飲む」の意味でもよく使われます。
　I have coffee for breakfast.（私は朝食にコーヒーを飲みます。）

お役立ちレシピ
I have に続く身体の状態を表すことばは、ぜひ覚えておきましょう。headache〈ヘデイク〉（頭痛）/ toothache〈トゥーセイク〉（歯痛）/ backache〈バケイク〉（背中の痛み、腰痛）/ stomachache〈スタマケイク〉（腹痛、胃痛）/ the runs（下痢）

① sibling〈スィブリング〉は「（男女の別なく）きょうだい」の意味。「兄弟姉妹はいますか？」は Do you have any siblings?。

② a cold は「風邪」。slight〈スライト〉（軽い）が付くと、「風邪気味」を表せます。I have a fever. なら、「私は熱がある」です。

③ have an idea は「いい考えがある」で、I've got an idea! も同意。I have no idea. なら、「私には、さっぱりわかりません」です。

④ have an appointment with ＋人で「（人）と会う約束がある」。座席・部屋・切符などの予約は reservation〈レザベイション〉。時刻の「○時に」は at を用います。o'clock は省略 OK。

⑤ May I ask you a question?（質問してもいいですか？）も同じ意味ですが、something(何か)を使うと、柔らかな印象が出ます。

I have a slight cold.
私は風邪気味です。

Do you have Japanese foods?

日本の食品はありますか？

Do you + 動詞の原形〜？（あなたは〜しますか？）

be 動詞以外の「〜しますか？」という疑問文は、Do you 〜？で表します。
Do you のあとには動詞の原形がきます。原形とは、何も付けていない、もとの形のことです。

① **Do you have a smaller one?**

もっと小さいものはありますか？《店で》

② **Do you have this in a different color?**

これの色違いって、ありますか？《店で》

③ **Do you have this skirt in brown?**

このスカートで茶色はありますか？《洋服店で》

④ **Do you have something more vivid green?**

もっと鮮やかなグリーンのものは、ありますか？《店で》

⑤ **Do you do any sports?**

何かスポーツはやりますか？

 さらに応用 ステップアップ

Do you have the same design in yellow?

同じデザインの黄色はありますか？《店で》

Do you have any plans the day after tomorrow?

あさって、何か予定ある？

I do not eat eel and pickled plum.

私は、鰻と梅干しの食べ合わせは絶対にしません。

・Do you ＋動詞の原形〜？は「あなたは〜しますか？」という疑問文です。特に買い物で役立つ Do you have 〜？（〜はありますか？）がオススメ。答え方は、Yes, I do. / No, I don't.。
・否定文は、I don't ＋動詞の原形〜．（私は〜しません。）の形になります。don't は do と not の短縮形です。
I don't do any sports.（私は何もスポーツはやりません。）

お役立ちレシピ
I do not cook at home. のように、短縮形の don't ではなく、do と not に分けて not を強めて言うと、「私は、家では絶対に料理はしません。」という強調の意味になります。

① 「もっと」というニュアンスを smaller の -er で表現しています。「もっと大きなもの」なら、a larger one です。この one は「もの」。

② サイズはぴったりなんだけど、色が…というときに。「色違い」だけを強調して、Do you have another color? と言っても通じますよ。

③ 具体的に色を指定する場合は、こう言います。orange（オレンジ色の）、gray / grey（灰色の）、dark blue（紺色の）など。

④ vivid〈ヴィヴィッド〉は、「(色・光などが)鮮やかな、強烈な」という意味。a vivid red dress（目の覚めるような真っ赤なドレス）

⑤ 主語が「彼女は」なら、Does she do any sports? のように Does を文頭に、否定文は She doesn't do any sports. となります。

Do you have a smaller one?
もっと小さいものはありますか？

I like my coffee weak.

コーヒーは薄いのが好きです。

・strongなら、「濃い」。

I like 〜 .（私は〜が好きです。）

私たちには、好きな食品、衣服、色柄、模様などから、映画俳優、隣の席の〇〇さんまで、たくさんの好みの物・人があります。この「…が好き」を表すのが、like です。

① **I like this carpet with a design of flowers.**

私は花模様の付いたこのカーペットが好き。

② **I like reading whodunits very much.**

私は推理小説を読むのが大好きです。

③ **I like to take a walk with my dog at night.**

私は夜に犬を連れて散歩するのが好きです。

④ **I like dogs better than cats.**

僕は猫よりも犬のほうが好きです。

⑤ **I do like her.**

彼女のことが、すっごく好きです。

 さらに応用 ステップアップ

I like beer but not wine.

私はビールは好きですが、ワインは苦手です。

I like drinking my stress away on Wednesday.

私は水曜日にはお酒を飲んでストレスを解消するのが好きだ。

I like Japanese noodles better than Chinese ones.

僕は中華そばより日本そばのほうが好みです。　・ones＝noodles

- like（…を好む、…が好きである）は、肉の焼き方や、食べ物の好みを伝えるときに重宝します。

  I like my steak well-done.（ステーキはよく焼いたのが好きです。）

  ▶ 焼き方が中位は medium〈ミーディアム〉、軽く火を通すだけの生焼けは rare〈レア〉と言います。

お役立ちレシピ

「好きではない」というときは、I don't like 〜. と言います。後ろに very much を添えると、I don't like sweets very much.（私は甘い物は、あまり好きではありません。）のように柔らかな言い方になってカドが立ちません。

① this（この）なので、目の前にあるカーペットを指します。ちなみに、「水玉模様の付いた」なら、with polka dots です。

②「〜するのが好きである」は like…ing で表せます。whodunit〈フーダニット〉（推理小説）は、Who done it? の短縮形。

  ▶ Who did it?（誰がそれをしたのか、犯人は誰だ？）に由来。

③「〜するのが好きである」は like to ＋動詞でも表せます。

  I don't like to〜なら「私は〜するのが好きではない」となります。

④ like A better than B は「B より A のほうが好きである」。ferret（フェレット）、hedgehog〈ヘヂホーグ〉（ハリネズミ）もどうぞ。

⑤ この do は後にくる動詞（この場合は like）の意味を強めます。この do は強く発音します。Do come!（ぜひ来てね！）のようにお使いください。

I like reading
whodunits very much.
私は推理小説を
読むのが大好きです。

I need your help.

あなたの助けが必要です。

I need 〜 . (〜が必要だ。) / I want 〜 . (〜がほしい。)

「援助」「休憩」「お金」「自分の家」「時間」「飲食物」から「人の愛情」まで、「〜を必要とする」「〜が欲しい」は、need と want を使って言い表すことができます。

① **I need your love very much.**
僕には君の愛がとても必要なんだ。

② **I need somebody!**
誰か来てくれ！

③ **Do you need something?**
何か御用ですか？

④ **I badly want some beer.**
ビールがとても飲みたい。

⑤ **I want a word with you.**
君にちょっと話したいことがある。

さらに応用 ステップアップ

I want a doll for my birthday.
誕生日には、お人形が欲しいの。《子供が親に》

You need a passport to visit a foreign country.
外国を訪れるにはパスポートが必要です。

"Do you want a cup of coffee?" "Sure. Thanks."
「コーヒー飲む？」「うん、ありがとう」

・need（〜を必要とする）と want（〜を望む）は、どちらも何かを求めていることを表します。今、「○○が必要だ」という差し迫った状態から、「ああ、お金が欲しいなあ」という願望まで、色々なことを伝えられます。

・I need you.（僕には君が必要なんだ。）、I want you.（僕は君が欲しい。）は、仕事の求人依頼だけでなく、愛の告白としても。

お役立ちレシピ

否定文は I don't need 〜 . / I don't want 〜 . のように、主語のあとに don't を入れます。疑問文は Do you need 〜？/ Do you want 〜？のように、Do から開始します。

① 「僕は君が好きだ」「惚れている」ということです。very much が付いているので、「お願いだから…」という必死さが伝わってきます。

② 直訳は、「私は誰かを必要とする」。家庭内でも、社内でも、大声でこう言うと、何事か？と人が来てくれるでしょう。

③ 疑問文中でも something となっているのは、相手の Yes という返答が予測できるからです。Do you want me? でも、ほぼ同じ意味になります。

④ badly（ひどく、非常に）が加わると、「メッチャビールが欲しい（飲みたい）」となります。badly は文末に置くこともできます。

⑤ a word は「（短い）会話」の意味。I have something to tell you. や、I need to talk. とも言えます。

I need somebody!
誰か来てくれ!

43

I see a sunshine doll by the window.

窓辺にてるてる坊主が見えている。

I see 〜 .（〜が見える。）

「てるてる坊主が見えた」のは、視界に入った、ということです。この「見える」は see で表します。「てるてる坊主」は a good weather doll とも言えます。

① **I see some holes in his socks.**
彼の靴下には穴があいている。

② **I see him sneaking a cream puff in the kitchen.**
彼が台所でシュークリームをつまみ食いしているのが見える。

③ **See you later, alligator!**
またあとでね！

④ **See you around!**
また（どこかで）会いましょう！

⑤ **I see.**
なるほど。

 さらに応用 ステップアップ

I don't see eye to eye with him.
私は彼と意見が合わない。

I see the signboard of a drugstore in the distance.
遠くにドラッグストアの看板が見える。

Go and see for yourself.
行って自分で確かめてきなさい。

・see は「見る」ではなく、見ようとしなくても「見える、目に入る」という意味です。見えて初めて何かが「ある」ことが「わかる」のです。「あそこにクモが見える」のは、「クモがいる」ということです。また see には「…がわかる、…に気づく、(人)に会う」などの意味もあります。ちなみに「見ようとして見る」なら look で、「動くものを注視する」のは watch です。

> お役立ちレシピ
>
> See you later, alligator! の返答は、After a while, crocodile! (またすぐあとでね!)。これも「ホワイル」と「クロコダイル」の発音が韻を踏んでいて、オマケに、同じワニで返しているところがミソ。

① 見えるから、彼の靴下の穴に気づくのです。その穴も1つではありません。I see a hole over there. なら、「あそこに穴が開いている」です。

② see A ～ ing (A が～しているのが見える) シュークリーム (和製英語) は、「靴クリーム」に聞こえてしまいます。
　・sneak〈スニーク〉(…をこっそり食べる)

③ See you later.(またね) のあとに alligator〈アリゲイター〉(ワニ) を付けると、韻を踏む(同じ音が出てくる)ので、英語のダジャレになります。

④「じゃあ、また」の意味で、別れ際によく使われる挨拶です。再会の約束はないものの、またどこかで会うだろうという含みがあります。

⑤ seeには「わかる、理解する(＝understand)」の意味もあります。相手に「わかった？」と聞くときは、You see? ↗と言います。

See you later, alligator!
またあとでね!

I feel nervous.

胸がドキドキする。

I feel 〜 .（〜だと感じる。）

「今日は何だか気分がいいぞ」、「ああスッキリした」、「なんかムカつく」というように、人には色々な感情があります。これらの気分は feel で表現することができます。

① **I feel small.**
　恥ずかしい。

② **I feel at home with her.**
　彼女といると、気持ちが楽やねん。〈大阪弁〉

③ **I feel a pain in my lower back.**
　腰が痛い。

④ **I feel like singing loudly.**
　大声で歌いたい気分だ。

⑤ **I feel like a beer.**
　ビールを一杯やりたいなあ。

 さらに応用 ステップアップ

I feel a little sick from drinking too much.
　飲み過ぎで、少し気持ちが悪いんだ。

I feel like it's a long day.
　今日一日が、長く感じるなあ。

I feel sorry for that abandoned puppy.
　あの捨てられた子犬、かわいそう。

・feel は、「(人が身体や心に)〜を感じる」。I'm cold. なら、私は寒い、というだけのことですが、I feel cold. だと「寒気がする、寒く感じる」となり、気持ちや気分を表すことができます。日本語では「気分が悪い」と言いますが、英語では否定文でよく表現します。
I don't feel good. / I'm not feeling well. (気分が悪い、体調が良くない。)

お役立ちレシピ
体調を表す chilly (うすら寒い) / terrible (ひどく悪い) / hot ((身体が)ほてる) / feverish 〈フィーバリッシュ〉(熱っぽい) / dizzy (目まいがする)などの語を覚えておくと、万一の時に役立ちます。

① feel small で「肩身の狭い思いをする」という意味。恥ずかしいときは、本当に身が縮む(小さくなりたい)思いがしますもの。

② 家庭はくつろぎの場なので、feel at home と言えば、「くつろいだ感じになる」ことです。at ease も大体同じ意味になります。

③ pain〈ペイン〉(痛み)。lower back は「背中の下部、腰」。right / left side (右 / 左の脇腹)、chest (胸)など身体の部分名も覚えておきましょう。

④ feel like…ing で「…したい気がする」です。「今日は仕事をする気にならない」なら、I don't feel like working today. です。

⑤ feel like + 名詞で「○○が欲しい気分だ」という意味になります。
I feel like sushi today. (今日は、寿司って気分だな。)

I feel small.
恥ずかしい。

Take it easy.

気楽にやりなさい。

命令文→動詞の原形〜. (〜しなさい。)

Have a nice stay in Tokyo. (東京では楽しくお過ごしください。) のように、
英語の命令文は相手への声掛けや、励まし、提案などにも用いられます。

① **Take your time.**

ゆっくり考えなさい。

② **Hold on a minute, please.**

（電話を）切らずにそのままお待ちください。

③ **Leave it to me.**

私に任せて。

④ **Watch your step! It's slippery.**

足下にご注意！ 滑<ruby>滑<rt>すべ</rt></ruby>りやすいですよ。

⑤ **Please help yourself to the salad.**

サラダをご自由にお取りくださいね。

 さらに応用 ステップアップ

Please make yourself at home.

　　どうぞお楽になさってください。《来客に対して》

Take good care of yourself and sleep tight.

　　お身体をお大事にして、ぐっすり休んでくださいね。・tight（十分に）

Wash your hands thoroughly.

　　手をしっかりと洗いなさい。 ・thoroughly〈サラリィ〉（徹底的に）

- 命令文は普通、主語の You（あなたは／あなた方は）を省略します。
- Please を前に付けると、「どうか～してください」の丁寧な意味になります。また、please は後ろに付け加えることもできます。
- Take it easy. は、⑴「（休養を勧めて）のんびりやってね」、⑵「（人をなだめて）心配するな」、⑶「（別れの挨拶で）じゃあね」などの意味で使われます。

お役立ちレシピ

日本語では、別れ際に、人を励ますつもりで「じゃ、ガンバッテね！」とよく言いますが、英語では Work hard! とは言いません。この場合の「（無理しないで）頑張れよ！」は、Take it easy! です。

① 「（時間をかけて）ゆっくりやる」の意味。200 坪の土地付きの大邸宅が新築でお手頃価格。ただ、最寄りの駅からバスの便はなく、徒歩で 1 時間。よく考えて、というときなどに。

② Hold the line. とも言います。「担当者と代わります。少々お待ちください」という決まり文句です。

③ この leave は「…を任(まか)せる」の意味。「あとは任せて」なら it を the rest に、「万事任せろ」という強めなら、everything にします。

④ 「頭上に注意」なら、Watch your head. です。ちなみに「危ない！」は、Watch out！や Look out！と言います。

⑤ 「ご自由にどうぞ」の意味で、飲食以外でも使えます。「何かを貸して」と言われたときの「どうぞ」は、Help yourself. で OK です。

Please help yourself
to the salad.
サラダをご自由に
お取りください。

I can sleep in any place.

私はどんな場所でも眠れます。 ・any（どんな…でも）

I can 〜 .（私は〜できる。）/ I can't 〜 .（私は〜できない。）

My dog can sit and shake hands.（ウチの犬は、お座りとお手をすることができます。）のように、can を用いると、「…できる」という内容を表せます。

・・・

① I can make it on Thursday.

木曜日なら都合がつきます。

② I can manage.

（自分で）なんとかやりますから。

③ I can drive you home.

家まで車で送るよ。

④ I can't afford holidays.

私は休みをとる余裕がありません。

⑤ I can not eat octopus.

タコは食べられないんだってば。

・・・

 さらに応用 ステップアップ

I can eat 50 Takoyaki in ten minutes.

　私は10分でたこ焼きを50個食べることができます。

I can't wait for the winter vacation.

　冬休みが楽しみです。　・can't wait for…（…が待ちきれない）

I can't live without you!

　僕は、君なしでは生きていけないんだ！《愛の告白に》

・can ＋動詞の原形…（…することができる）は、「可能」を表します。
・否定形の「…できない」は、cannot / can't があり、会話では短縮形の can't がよく用いられます。can't の発音は、アメリカ式では「キャント」、イギリス式では「カーント」となります。
・can not は否定を強調するときに使われます。（⑤参照）
　I can not swim.（僕は、本当に泳げないんだってば。）

お役立ちレシピ

You can / He can / She can / Mari can / We can / They can / Bob and Rie can / You and I can のように、can は主語が何であっても使えます。

---

① make it は口語で、「都合をつける」という意味。相手に聞く場合は、Can you make it at four?（4時でどうだい？）のように言います。

② 人からの援助などの申し出を断るときにこう言います。manage は「何とかする」の意味。Thank you. を忘れずに！

③ この drive は「（人を）車に乗せて行く」の意味。「ホテルまで車に乗せてあげるよ」なら、I can drive you to the hotel. です。

④ can't afford ＋名詞は、「〜の余裕がない」。発音は〈アフォード〉。
　I can't afford a trip.（旅行する余裕[暇]がない。）

⑤ 短縮形にせず、not を強めて言うと否定が強調されます。タコ octopus〈オクトパス〉は、かつて外国で「悪魔の魚」と呼ばれていたそうです。▶ギリシャ語の octo（8）＋pus（足）からできた語。

I can drive you home.
家まで車で送るよ。

You can't use the copier now.

そのコピー機は今、使えないよ。

You can+ 動詞の原形〜 .

（あなたは〜してもよい、〜できる。）

You can 〜 . の直訳は「あなたは〜することができる」ですが、「できる」なので、「〜してよい」の意味へとつながります。

① **You can keep the change.**
おつりは（チップに）取っておいてください。

② **You can say that again!**
全くそのとおりだね！

③ **You can get a bus there.**
バスは、あそこで乗れますよ。

④ **You can't take tomorrow off.**
明日は休んじゃダメだよ。

⑤ **You can not go to the arcade today!**
今日は絶対、ゲームセンターに行ってはいけません！

さらに応用 ステップアップ

You can ask me anything.
何なりとご遠慮なく聞いてくださいね。

You cannot be too careful when driving (your car) .
車を運転するときは、いくら注意してもしすぎることはないよ。

"Can you see an island far away?" "Yes, I can."
「はるか遠くに島が見える？」「うん、見えるよ」

・island〈アイランド〉（島）

- You can ＋動詞の原形〜は、次のように色々な意味があります。
  (1)「あなたは〜してもよい」[許可] (may のくだけた言い方)
  (2)「あなたは〜できる」
  (3)「〜するとよい」「〜しなさい」
- 否定文は、You can't ＋動詞の原形〜になります。（見出し文）
- 疑問文は、Can you 〜 ?。答え方は、Yes, I can. / No, I can't.。

お役立ちレシピ

You can stop lying now.（うそもいい加減にしなさい。）のように、can が軽い命令の意味を表す場合もあります。

---

① You can を省略して Keep the change. とも言います。
change〈チェインジ〉は名詞で「つり銭、（硬貨の）小銭」です。
参考 a change machine（両替機）

②「君はそれを再び言える（くらいに私は同意する）」→「全く君の言うとおりだ」と相手に賛同する表現。You're quite right. や、You said it! とも言います。

③ バス、列車、タクシーなどの乗り場を伝えるときに、方向を示しながら、こう言います。この get は「〜を利用する」の意味。

④ この can't は「…してはいけない」という禁止を表します。You can take tomorrow off. なら、「明日、休んでもいいよ」です。

⑤ can と not に分けて not を強めに発音すると、否定の意味が強調されます。arcade〈アーケイド〉（ゲームセンター）
► 「ゲームセンター」は和製英語。arcade には「屋根付き商店街」の意味もあります。

You can say that again!
まったくそのとおりだね！

I'll call you later.

あとで電話します。 ・この call は「（人・家など）に電話をかける」

I'll ＋動詞の原形～ .

（私は～します。 / ～するつもりです。）

英語の will は未来のことを表しますが、感覚的には、話し手が「（これから）～するぞ！」という気持ちでいるときに用いられるものと言えます。

・・・・・・・・・・・・・・・・・・・・・・・・・・・・・・・・・・・

① **I'll drop by that convenience store.**
　　あ、あのコンビニにちょっと寄って行こう。

② **I'll have the same.**
　　同じものをください。《ファーストフード店で》

③ **I'll go first.**
　　私が先にします。

④ **I'll be back right away.**
　　すぐに戻ります。

⑤ **I'll take care of the rest.**
　　あとは私がやっておきます。

・・・・・・・・・・・・・・・・・・・・・・・・・・・・・・・・・・・

 さらに応用 ステップアップ

I'll take a seat on the 9 : 30 train.
　　9 時 30 分発の席をお願いします。《列車の切符売り場で》
I'll be seeing you again soon.
　　さようなら、また近いうちに会いましょう。《別れ際に》
I won't tell you my PIN. ・PIN（personal identification number の略）
　　私の暗唱番号はお教えできません。

- I will の短縮形 I'll〈アイル〉は「私の意志」を表し、たった今、決めたことをするときに用います。従って、鳴っている電話に「僕が出るよ」という場合は、I'll answer the phone. と言います。
- 否定形の I won't + 動詞は、「私は〜しない、するつもりはない」です。won't は will not の短縮形で、唇を小さくすぼめるようにして「ウォウント」と発音します。遠慮がちに「ウオント」と短く発音すると、want（…が欲しい）の意味になるので、ご注意！

お役立ちレシピ
店内で商品を見たあと、「これを買います」「それにします」と店員に伝えるときは、I'll take this. / I'll have this. と言います。この take は「（品物を選んで）買う」の意味。

① このように、ふとその場で思いついたことや、店で買う物を決めたときなどは will を用います。drop by（…にちょっと立ち寄る）

② I'll have + 飲食物. は、注文するときの定番表現。人と同じ物のときにこう言います。Same for me.（僕も同じものを。）と言っても OK。

③ この go は「（行為を）始める」の意味。ゲームや、スピーチの順番から、熱湯風呂に入る順序まで、「私が先に行きます」という意思表示。

④「ちょっとトイレに」というときなどに。right away は「すぐに」という意味。I'll be back soon. / I'll be right back. も同意です。

⑤ この take care of…は「…を引き受ける、処理する」です。「…の世話をする」だけではありません。/ the rest（残り）

I'll have the same.
同じものをください。

I'm copying a report now.

私は今、報告書をコピーしています。

I'm 〜 ing.（私は〜している。）

I'm eating now.（私は今、食事中だ。）のように、〜 ing を用いて「今〜している（最中である）」の意味を表すものを現在進行形と呼びます。

① **I'm just browsing. Thanks.**

ちょっと見ているだけです。ありがとう。《店で》

② **I'm being helped.**

もうお願いしてあります。《店内で》

③ **I'm coming soon!**

すぐ行きます！

④ **I'm getting off（here）.**

ここで降ります。《バスなどで》

⑤ **I'm leaving for Hakata tomorrow morning.**

私は明日の朝、博多へ発ちます。

 さらに応用 ステップアップ

I'm catching a cold.

私は風邪をひきかけています。

I'm going back to my parents' home! ・parents' home（実家）

実家に帰らせていただきます！《夫婦げんかの場で》

I'm thinking of going to an amusement park with my family.

家族で遊園地に行こうかと思っているんです。

- 「〜している」という進行中の動作は、「am / is / are +〜ing 形」の現在進行形を用います。She is dancing.（彼女は踊っている。）
- 「台所に立っている妻の真横に、黒いゴキブリがいる」（もうすぐ悲鳴が上がるだろうな）というような生き生きとした描写ができるのが、この〜ing 形です。
- 現在進行形は、現在だけでなく、近い未来も表すことができます。I am dining out this evening.（今夜は、外で食事をします。）

お役立ちレシピ
現在進行形は、確定的な未来の表現にも使えます。
I'm changing my job next month.（来月、転職しようと思っているんだ。）

① ウインドーショッピング中に、店員に声をかけられたときの返事です。browsing を looking にしても OK。
browse〈ブラウズ〉（品物を見て回る）

② 先に頼んであるのに、別の店員が声をかけてきた時の表現。「もう応対してもらっています」の意味。この後に Thank you. を。

③ 相手の所へ「行く」のは、go ではなく、come。I'm going. だと、「私は今から（別の所へ）出かけます」の意味になります。I'm は省略可です。

④ 発音は、「アイムゲリンゴフ」と聞こえます。I'll よりも、このように進行形で言うと、生き生きした描写が出てきます。

⑤ 現在進行形は、「すでに飛行機などの手配がしてある」というような近い未来の予定も表せます。leave for 〜（〜に向かって出発する）

I'm just browsing.Thanks.
ちょっと見ているだけです。
ありがとう。

I'm going to stay home this afternoon. ·····

今日の午後は家にいるよ。

I'm going to ＋動詞の原形～ .

（私は～するつもり[予定]だ。）

「～しようとしている」は、I'm going to～で表します。goingとありますが、実際に足でどこかへ出かけるのではなく、あることを始めようとする場合です。

· ·

① **I'm going to cook meatloaf for dinner tonight.** ·····

今夜の夕食はミートローフを作ります。

② **I'm going to tell you all about my worries.** ·····

僕の悩みを全て打ち明けるよ。

③ **We're going to hold a memorial service tomorrow.** ·····

明日、法事があるねん。〈大阪弁〉

④ **I'm not going to tell.** ·····

私は言いませんよ。

⑤ **I'm going to use a subscription service next month.** ·····

来月からサブスクリプションサービスを利用します。

· ·

 さらに応用 ステップアップ

We're going to have the first anniversary of my dad's death tomorrow.

明日は、お父ちゃんの1周忌やねん。〈大阪弁〉

I'm going to participate in the speed-eating contest in town next week.

来週、町内の早食い大会に出る予定です。 ・participate（参加する）

I'm going to visit a shrine with my family on New Year's Day.

元日に家族と初詣に行く予定です。 ・shrine〈シュライン〉（神社）

・be going to ＋動詞の原形〜は「〜しようとしている、〜するつもりだ」という意味で、何かをする具体的な計画があって、その準備がある程度できていたり、その心づもりをしていたりするというような予定・決心・意図を表す場合に用います。

・まだ具体的なプランができておらず、「そうだ、手を洗おう」のように、その場で急に決めたことには will を使います。

お役立ちレシピ
アメリカの会話では、going to がくっついて gonna〈ゴーナ〉と発音されることがあります。I'm gonna leave tomorrow.（明日、出発するつもりだ。）

① I'm going to 〜は、ごく近い未来の予定や意図などを表せます。もう食材もそろっていて、準備が進んでいるという感じ。

② tell you all about…（…について全てを君に話す）
worry（心配事）が複数形 worries になっているので、悩みの種がいくつかあるのでしょう。

③「すでに法事の準備をしている」ということ。他に Buddhist〈ブディスト〉（仏教の）を加えて a Buddhist memorial service も「法事」になります。

④ be going to 〜は前からその予定ということなので、安心してもいいかも。「君のヘソクリのことは奥様には黙っててあげるよ」などというときに。

⑤ サブスク（リプション）とは、定額料金で製品やサービスを一定期間利用することができる仕組みのこと。もとの英語の意味は「定期講読（料）」、「会費」。

I'm going to cook meatloaf
for dinner tonight.
今夜の夕食はミートローフを
作ります。

"What's the date today?"
"It's November(the)tenth."

「今日は何月何日ですか？」「11月10日です」

What is 〜 ?（〜は何ですか？）

What is she?（彼女はどういう人ですか？）のように、What は職業や身分を
尋ねる場合にも使います。

① **What's new?**
変わりはないかい？

② **What's Emily like?**
エミリーはどのような人ですか？

③ **What's the best way to reach you?**
どのような方法で(あなたに)連絡すればいいですか？

④ **What are your plans for Christmas?**
クリスマスのご予定は？

⑤ **What are your hours?**
営業時間を教えてください。

さらに応用 ステップアップ

What's your favorite Japanese food?
あなたの(いちばん)好きな日本食は何ですか？

What's the difference between this and that?
これとあれの違いって、何でしょうか？《店などで》

What's the phone number of the Japanese Embassy?
日本大使館の電話番号は何番でしょうか？

- ・「何？」と聞くときには、What を使います。わからない物を指して What? と尋ねるだけでも通じます。
- ・What と is をくっつけて What's にすると、言いやすくなります。
- ・What are these?（これらは何ですか？）のように、主語が複数形の場合は are になります。（④、⑤参照）

お役立ちレシピ

What は、What's the best way to the shopping mall?（ショッピングモールへ行くのに最も良い方法は何ですか？）のように道を尋ねるときや、What day (of the week) is (it) today?（今日は何曜日ですか？）のように、「What + 名詞」の形でも使えます。

① 「何か変わったことはないかい？」です。答え方は、Nothing.（何もないよ。）、Nothing particular（特にないよ。）などと言います。

② 人間以外にも使えます。What's Finland like?（フィンランドってどんなところですか？）、What's the weather like?（お天気はどう？）など。

③ この reach は「…に連絡をとる」です。「あなたに連絡を取る最も良い方法は何ですか？」が直訳。メール？電話？何がいい？ということ。

④ クリスマスは 1 年で最も賑（にぎ）やかで楽しい時。その予定はいっぱいあるでしょう、ということで plans と複数形にしています。

⑤ 「営業時間は何時から何時までですか？」。この hours は「（営業の）時間」。What are your[the] opening hours?（開いている時間は？）とも言えます。

What are your hours?
営業時間を教えてください。

Who is that lady over there?

あちらにいるあの女性はどなたですか？

Who is 〜？（〜はだれですか？）

Who（だれ）は、人の姓名・身分などを尋ねるときに
使います。What is he?（彼は何をしている人ですか？）
のように、職業を問うのは、What になります。

① **Who's your favorite celebrity?**
  芸能人で、誰が好き？

② **Who's calling, please?**
  どちら様でしょうか？《電話で》

③ **Who is it?**
  どなたですか？

④ **Who else is there with you?**
  他に誰があなたとそこにいるの？

⑤ **George who?**
  どこのジョージだい？

 さらに応用 ステップアップ

Who is the smiling lady wearing goggles in the middle?
  真ん中のゴーグルをつけてほほえんでいる女性は、誰ですか？

Who is the organizer of the year-end party this year?
  今年の忘年会の幹事は誰だい？

Who's coming to the dinner party tonight?
  誰が今夜の夕食会に来るの？

- ・Who（誰）は、人の名前や血族関係などを聞くときに用います。
- ・Who is he / she?（彼 / 彼女はどなたですか？）の返答は、次のように言います。
   He's Mr. Lee.（リー氏です。）/ She's Kaede Mori.（森楓さんです。）
- ・Who と is の短縮形は Who's です。▶ Who are you? は「お前は誰だ？」的な非常に失礼な聞き方なので、会話では普通、用いません。

お役立ちレシピ

Who＋動詞s / 過去形～？（誰が～しますか？ / ～しましたか？）の形もあります。
- ・Who lives in that house?（あの家には、誰が住んでいるの？）
- ・Who called?（誰からの電話？）　▶ この -ed は過去形を表します。

① celebrity〈セレブリティ〉（芸能界・スポーツ界などの有名人、名士）celeb（セレブ）は略式の口語。

② Who's speaking, please? とも言います。文頭に May I ask を付けると、より丁寧になります。▶ Who is this [that《英》]?（どなたですか？）は、より直接的で、あまり丁寧ではない言い方になります。

③ ドアをノックした人などに対して尋ねる時。
Who is it, please? と言うと丁寧になります。It's me.（私です。）のように答えます。

④ 夫の電話の様子では、どうも傍に若い女性がいるような気配が…。そういうときに、お使い頂ける便利な疑問文です。
else〈エルス〉（他に）

⑤ Inoki who?（猪木って誰だ？）その昔、プロボクサーのモハメド・アリが、アントニオ猪木と格闘技戦で戦う前に記者会見でこう尋ねました。

Who's calling, please?
どちら様でしょうか？

"When is your birthday?"
"It's (on) March 25." ·25は(the) twenty-fifthと発音。

「あなたの誕生日は、いつですか？」「3月25日です」

When 〜？（〜は、いつ？）

When（いつ）は、日時を尋ねるときに使います。「ホゥエン」と発音します。
When のあとには、疑問文が続きます。

① **When is the next meeting?**

今度の打ち合わせは、いつですか？

② **When's a good day (for you)?**

いつがいい？

③ **When are you closed?**

定休日はいつですか？

④ **When can I see you?**

いつ、会える？

⑤ **About when can we eat dinner? I could eat a horse.**

晩御飯、いつ頃？　腹ぺこだよ。

 さらに応用 ステップアップ

When will it be ready?

いつできますか？《パンの焼き上がりや、クリーニングなどで》

When are you going to Australia on business?

オーストラリアへの出張は、いつですか？

When will the new goods be on the market?

その新商品は、いつ発売されるのですか？　·goods（商品）

・When（いつ）は、はっきりとした時を尋ねる疑問詞なので、When には「何時に（＝ At what time）」の意味も含まれます。
・意味上、When と共によく使う動詞は、go（行く）、come（来る）、leave（出発する＝ start）、arrive（着く）、return（戻る）などの往来発着を表す言葉です。
・When ＋疑問文の形〜？が、基本形です。
・When と is の短縮形は When's になります。

お役立ちレシピ
When can I have it?（仕上がり日は、いつですか？）衣料品や指輪の寸法直し、時計の修理などの受取日を尋ねるときには、このように聞きます。（応用文参照）

① When is the next ＋ drinking party（飲み会）/ tennis match（テニスの試合）/ welcome [farewell] party（歓迎 [送別] 会）などもどうぞ。

② When's convenient for you? や、When can you make it? とも言えます。相手の都合を聞くときの決まり文句です。

③ この closed は「閉店の」という形容詞。次のように 1 日の閉店時の掲示にも使います。Sorry, we are closed.（申し訳ありませんが、閉店いたしました。）

④ 他の言い方としては When can we see each other again?（今度は、いつ会える？）や、When can we get together again? も。get together は「（人が）集まる」。

⑤ About when（いつ頃）は便利表現。I could eat a horse. は、「（馬一頭食べられるほど）腹ぺこだ」の古典的決まり文句。

When can I see you?
いつ、会える？

Where's the fire?

火事はどこだ？

Where 〜 ?
（〜は、どこ / どこへ[に] / どこで）

場所を尋ねる定番は、Where（どこ）です。「ホウエァー」と発音します。
Where のあとには、疑問文が続きます。

① "Where is the information desk?" "It's on the first floor."
「案内所はどこですか？」「1階にあります」

② "Where's the nearest restroom?" "It's at the end of this hall."
「いちばん近いトイレはどこですか？」「この廊下の突き当たりです」

③ Where am I ?
ここはどこですか？

④ Where are you going?
どこへ行くの？

⑤ Where shall we meet tomorrow?
明日、どこでお会いしましょうか？

さらに応用 ステップアップ

"Where are you from?" "I'm from Japan, but I currently live in Ottawa."
「ご出身はどちら？」「日本ですが、今はオタワに住んでいます」

Where do you live in Japan?
日本のどちらにお住まいですか？　　　　　　　*currently（現在（は））

Where should I change trains?
どこで（電車を）乗り換えたらよいのですか？

・見出し文の Where's the fire? には、「何をそんなに急いでいるの？《口語》」の意味もあります。Where's は、Where と is の短縮形です。
・②の Where's the nearest 〜 ?（いちばん近い〜はどこですか？）は役立つ表現です。「〜」のところに bus stop（バス停留所）、subway station（地下鉄の駅）、hospital（病院）、drugstore（ドラッグストア）などを入れてお使いください。▶ drugstore は、薬だけでなく、化粧品、日用雑貨品なども販売しています。

お役立ちレシピ
タクシーなどに乗ると、よく Where to ?（どちらまで?）と聞かれます。

① 英国では、the ground floor（1 階）、the first floor（2 階）、the second floor（3 階）…となるので、お気をつけください。

②「トイレ」は、公共の建物やホテルなどでは restroom、men's[women's]room、個人の家では bathroom や washroom と申します。

③ 道に迷ったときの聞き方。2 人以上なら、Where are we? となります。Where is here? や Where is this? とは言いません。

④ 進行形なので、まさに今、どこかに向かって歩いている人をつかまえて、行き先を聞いています。

⑤ 人と待ち合わせをする場合、大切なのは、「場所」です。「時」も一緒に聞くなら、When and where 〜 ?（いつ、どこで〜？）とします。

Where am I ?
ここはどこですか？

How's your wife, Steve?

スティーブ、奥さんは、お元気？

How 〜 ?（〜は、どんな状態で / いかがで / どのように）

How do you like 〜? や How would you like 〜? のような定型表現は、途中で切らずに「ハウドューライク」「ハウ（ウ）ッヂューライク」と発音してください。

① **How's it going?**
調子はどう？

② **How was yesterday's singles' party?**
昨日の合コンは、どうだった？

③ **How do you feel about it?**
それって、どう思う？

④ **How do you like Japanese kimono?**
日本の着物をどう思いますか？

⑤ **"How would you like your tea?" "I like it with milk."**
「紅茶はどのようにしましょうか？」「ミルク入りがいいです」

 さらに応用 ステップアップ

How are you getting along?
元気でやっていますか？《久しぶりに会った人に対して》

How have you been lately?
最近、いかがですか？

How did you come to know your new girlfriend?
新しい彼女とは、どうやって知り合ったの？

*come to＋動詞（〜するようになる）

- How は状態や様子、感想、印象などを尋ねるときに使います。おなじみの How are you?（ご機嫌いかがですか？）もこの仲間です。
- How's your new job?（新しい仕事は、どうだい？）のように、人以外にも使えます。▶見出し文のように、ネイティブは、よく名前で呼びかけます。親しみの表れとなりますので、相手の名前を覚えて声をかけてください。

お役立ちレシピ
How には、「どうやって《方法・手段》」の意味もあります。
How did you escape from the burning house?（君はどのようにして燃えさかる家から脱出したの？）

① 「元気？ 調子はどう？」の意味で「ハズィットゴウイン」と聞こえます。How are things going? / How's everything? / How's life? とも言います。

② 「昨日の合コン」を、the movie last night（昨夜の映画）、your first date（初デート）、the cherry-blossom viewing party（お花見）などに替えてお使いください。

③ 「感想をお願いしたいのですが？」です。How do you feel? なら、「体調はどうですか？」と、相手の気分・具合を尋ねる内容になります。

④ How do you like ～?（～をどう思いますか？）like が入っているので、相手の意見や好き嫌いを尋ねるときに用います。

⑤ お客様に好みや、調理法（肉の焼き加減など）を尋ねるときの定型文です。would を使うと、丁寧な表現になります。

How do you like
Japanese kimono?
日本の着物を
どう思いますか？

Why are you so angry?
なぜあなたはそんなに怒っているの？

Why 〜?
（なぜ［どうして］〜なのですか？）

Why（なぜ、どうして）は、理由・原因などを尋ねるときに使います。Whyのあとには、疑問文が続きます。

① **Why is that novel popular?**
どうしてその小説は人気なの？

② **Why are you in such a hurry?**
なぜあなたは、そんなに急いでいるの？

③ **Why were you late yesterday?**
昨日、なんで遅れたんや？〈大阪弁〉

④ **Why do you think so?**
どうしてそう思うのですか？

⑤ **Why didn't you tell us about that sooner?**
なぜ、そのことをもっと早く私たちに言ってくれなかったの？

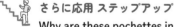
さらに応用 ステップアップ

Why are these pochettes in fashion this year?
なぜ今年、こういうポシェットが流行（はや）っているのですか？

Why on earth are you here so late?　・on earth（一体全体）
こんな遅い時間に、一体どうしてここにいるの？

Why can't you say you're sorry?
どうしてごめんなさいって言えないの？《親が子供に対して》

・Why +疑問文の形〜？で「なぜ / どうして〜なのか？」の意味に
　なります。

・返事は、Because（なぜなら…だから）で始まる文が普通ですが、
「〜するため」と答えるときには To 〜 . でも OK です。

・What 〜 for?（何のために〜？）は Why と近い意味で目的に重点
　が置かれます。

　What did you go there for?（なぜそこへ行ったの？）

お役立ちレシピ
もちろん、会話の流れの中では、Why?（なんで？）のように、Why?
だけでも使えます。

① 理由を聞くときには、このように Why のあとに疑問文を続け
　ます。「Why +疑問文〜？」が、基本パターンです。

② このように「目的」を聞かれたときは、To +動詞〜.（〜する
　ためです。）で答えます。To catch the last bus.（最終バスに乗
　るためです。）

③「理由」を聞かれたときは、Because S + V 〜 .（〜だからです。）
　で答えます。Because I overslept.（寝坊してしまったからです。）

④ 他には、What made you think so?（どうしてそう思うように
　なったの？）や、Why so?（どうしてそうなの？）という言い方
　もあります。

⑤「〜しなかったのか？」という過去形の否定疑問文なので、
　Why のあとが didn't you +動詞の原形になっています。

Why can't you say
you're sorry?
どうしてごめんなさいって
言えないの？

Give me some ice cream.

アイスクリームをください。

Give me 〜 . （〜をください。）

give は応用範囲が広く、「与える」から、「（病気など）をうつす」「（会など）を催す」「（動作・行為）をする」「述べる」などの意味も表すことができます。

① **Give me a hand.**
ちょっと手を貸して。

② **Give me another helping.**
お代わりをちょうだい。

③ **Don't give me your cold.**
風邪をうつさないでよ。

④ **Show me the way.**
道案内してください。

⑤ **Do me a favor.**
お願いがあるねん。〈大阪弁〉

 さらに応用 ステップアップ

My sister sometimes gives me a Cobra Twist.
姉に時々、コブラツイストをかけられます。（プロレスの技）

Please give me a better answer.
良いご返事を下さいませ。

Give me a lift to the Kawagoe City Hall.
川越市役所まで乗せて行って。　・lift（車に乗せること）《米》ではride。

- ・give A B（A（人）にB（物）を与える）が基本形。
- ・give には、「示す、伝える、知らせる」等の意味もあります。
  Give me your e-mail address.（あなたのメルアドを教えて。）
- ▶日本語では「私に」は必ずしも言う必要はありませんが、英語では、give me ○○と、me を付けた言い方をします。show, do もこの型をとります。（④、⑤を参照）

お役立ちレシピ
Give me a ring tonight. は「今夜電話をくれ」の意味。「私に指輪をちょうだい」ではありません。ring は英国の口語で「電話をかけること」。アメリカでは call になります。

① この hand は、「手助け、援助」です。日本語でも、「救いの手をさしのべる」と言うでしょう。

②「もう一度助けて」と言っているのではありません。helping は「（食べ物の）ひと盛り、1杯」の意味。another は「もう一つの」。

③ Don't を付けると、「〜しないで」になります。give を使えば、「風邪をうつす」も、こんなにカンタンに表現できます。

④ 単に道順を口や指で教える tell や direct と違うところに注意。show だと、道順を地図に描いて教えたり、目的地まで連れて行かなければならないのです。

⑤ favor〈フェイバー〉は「お願い」。May I ask a favor of you? も同意です。「家を買って」、「ダイヤの指輪を買って」、「結婚して」という場合は、Please do me a big favor. と言いましょう。

Give me another helping.
お代わりをちょうだい。

I was a fire fighter.

私は消防士でした。 ・「消防車」は、fire engine [truck]。

I was 〜 . (私は〜でした。)

I was 〜 . は、過去の状態や、過去にあったことを伝えるときに使います。

① **I was so embarrassed.**
メッチャ恥ずかしかった。

② **I was extremely busy yesterday.**
昨日は、てんてこまいだった。

③ **She was new in Japan six months ago.**
半年前、彼女は日本に来たばかりでした。

④ **He was very upset about not finding a job.**
彼は仕事が見つからなくてやきもきしていた。

⑤ **You were absent-minded in a meeting.**
君は会議中、ボーッとしていたね。

 さらに応用 ステップアップ

I was still green at my job at that time.   ・green（未熟な）
あの時は、まだ仕事に慣れてへんかってん。〈大阪弁〉

We were in Seattle last month, but we are now in Tokyo.
私たちは先月、シアトルにいましたが、今は東京にいます。

I wasn't in good shape then.
あの時は体調が良くなかったんだ。

- ・「私は〜だった」という過去の内容は I was 〜 . で表現します。
- ・He / She / It が主語のときも、be 動詞は was です。
- ・You / We / They が主語のときは、are を were にします。
- ・否定文は、was, were の次に not を付けるか、wasn't, weren't の形にします。
- ・疑問文は、Were you 〜 ? のように、主語と be 動詞の順序を逆にします。その返答は、Yes, I was. / No, I wasn't. です。

お役立ちレシピ

Today was a sleepy day.（今日は眠い1日だった。）のように、人以外の主語でも使えます。

① embarrassed〈イムバラスト〉は、「きまりが悪い、恥ずかしい」です。スカートのファスナーが開いていたり、服に値札が付いていたり…。

② extremely〈イクストリームリ〉busy は「めちゃくちゃ忙しい」です。Yesterday was a hectic day. とも言えます。

③ new には、人が新しく来たばかりで「まだ慣れていない」という意味があります。I'm new here. なら、「私は、ここは初めてです」です。

④ upset〈アプセット〉は「うろたえて、悩んで」の意味。「やきもきしていた」を英語にすると、こうなります。

⑤ いつもぼーっとしている人っていますよね。この「ぼーっと」は、absent-minded〈アブセントマインデッド〉がピッタリ。

I was extremely
busy yesterday.
昨日は、てんてこまいだった。

I chatted with my friends over tea. ....

お茶を飲みながら、友達とおしゃべりした。
・over〜（〜しながら）

I 動詞 -ed 〜 .（私は〜した。）

worked / visited / moved / smiled のように、動詞の
語尾に「-edや-d」が付くと、過去形の意味になります。

- -

① **I talked with Emi on the phone for a long time last night.** ....
　ゆうべ、エミと長電話した。

② **I asked Ayako for a date, but she declined my offer.** ....
　綾子をデートに誘ってみたが、丁重に断られた。

③ **He moved from Osaka to Ibaraki three months ago.** ....
　彼は3か月前、大阪から茨城へ引っ越した。

④ **They lived happily ever after.** ....
　二人はその後ずっと幸せに暮らしましたとさ。

⑤ **I locked myself out.** ....
　鍵を中に閉じ込めちゃったんです。《ホテルなどで》

- -

 さらに応用 ステップアップ

She colored her hair brown yesterday.
　彼女は昨日、髪を茶色に染めた。

I confessed my love to Chiaki in the conference room at lunch break.
　昼休みに会議室で千秋に告白した。・confess〈コンフェス〉（〜を告白する）

You dropped something from your pocket, Mr. ↗
　ポケットから何か落としましたよ、ミスター。《見知らぬ男性への呼びかけ》

・(1)一般動詞を過去形にするには、原形に -ed を付けます。
wash → washed　(2) like, use のように、語尾が -e で終わる語は、
-d だけを付けます。liked　(3) cry, study のように「子音字 + y」
の語は、y を i にして -ed を付けます。cried　(4) stay, play のよ
うに「母音字 + y」の語は、そのまま -ed を付けます。stayed

お役立ちレシピ
chat(雑談する), stop, drop, shop(買い物をする)のように、語尾が「短
母音＋子音字」の語の過去形は、語尾の子音字を重ねて -ed を付けま
す。chatted, stopped, dropped, shopped, planned, hugged

① 「ちょっと聞いてよ。ウチの夫が細かな事にうるさすぎて、た
　　まんないわ」などとしゃべっていたら、あっという間に 1 時間。

② ask 人 for a date((人)をデートに誘う)
　　decline〈ディクライン〉((申し出・招待など)を丁寧に断る)
　　offer〈オファー〉(申し出・提案)

③ move のように、語尾が -e の語は -d だけを付けて過去形を表
　　します。「茨城」は、「いばらぎ」ではなく、「いばら・き」。

④ ご存知、童話によく使われる結びのことばです。王子と王女
　　は結婚をして、その後ずっと二人は幸福に暮らしました（めで
　　たし、めでたし）。

⑤ lock…self out は、オートロックのドアで、鍵を部屋の中に置
　　き忘れたまま、ドアを閉めて中に入れなくなること。ホテルと
　　いうことで、文の後ろに of my room が省略されています。

I locked myself out.
鍵を中に
閉じ込めちゃったんです。

I saw a cockroach in the kitchen.

台所でゴキブリを見た。

I + 過去形〜 . (私は〜した。)

see → saw〈ソー〉/ give → gave〈ゲイブ〉のように、
過去形になると、つづりも発音も変化する動詞があり
ます。これらを不規則動詞と呼びます。

① (1) **Got it.**

わかった。

② **I got lost in the underground shopping center.**

地下街で道に迷いました。

③ **I left my pocket notebook in your office.**

あなたの会社に手帳、忘れてきちゃった。

④ **I heard from my uncle abroad for the first time in ten years.**

外国にいるおじから 10 年ぶりに便りをもらった。

⑤ **You forgot something!**

これ、忘れてますよ！

 さらに応用 ステップアップ

I got the wrong change.

お釣りが間違っているよ。《店で》

I went to a park with my children for the first time.

公園デビューしたの。《ママ友との会話》

I bought a bunch of roses for my wife on her birthday.

妻の誕生日にバラの花束を買った。　・bunch〈バンチ〉（束）

・過去形にするとき、後ろに -ed を付けるのではなく、がらっと形が変わる動詞があります。不規則な変化をするので、丁寧に覚えていってください。

sell → sold / get → got / forget → forgot / leave → left /
go → went / come → came / find → found / make → made /
eat → ate / buy → bought / choose → chose など。

・put や cut のように、過去形が原形と同じものもあります。

お役立ちレシピ
read（〜を読む）の過去形は原形と同じ read ですが、過去形の read は〈レッド〉に発音が変わります。

① I を省略すると、「ガリッ」と聞こえます。この get は「〜を理解する」。Got it? ↗ と後ろを上げると、「分かった？」という疑問文になります。

② get lost で「道に迷う、途方に暮れる」。I'm lost. なら、「道に迷っている」。「迷子」は a lost child と申します。

③「どこかに○○を置き忘れる」は leave ＋物＋場所です。具体的な場所がわかっている場合には、forget ではなく、leave を使います。

④ hear の過去形は語尾に -d だけを付けます。発音は〈ハード〉。hear from…は、「…から便り（手紙、電話、連絡）をもらう」。「久しぶりに」なら、for the first time in a long time です。

⑤ 誰かの忘れ物に気づいて、その人に声を掛けるときの表現です。その忘れ物が手帳だとわかっても、とっさには、このように something と言うのです。

You forgot something!
これ、忘れてますよ！

Did you drink a lot yesterday?

昨日はたくさん飲んだの？

· drink（酒を飲む）

Did you+ 動詞の原形〜？
（あなたは〜しましたか？）

Did you + 動詞の原形〜？は、be 動詞以外の過去形の疑問文を表します。
Did you は、〈ディジュー〉とひっつけて発音します。

① **Did you get a haircut?**
   髪、切ったのね？

② **Did you have pasta or something a minute ago?**
   さっきパスタか何かを食べた？

③ **Did you make it to the last train last night?**
   昨夜は終電に間に合ったかい？

④ **Did she find her skirt unzipped?**
   彼女、スカートのファスナーが開いているのに気がついた？

⑤ **I didn't notice a run in my stocking.**
   私はストッキングの伝線に気づかなかった。

 さらに応用 ステップアップ

I didn't get even one mail today.
   今日はメールが一通も来なかった。　·even〈イーブン〉（…でさえ）

(Good) heavens! Where did my wallet go?
   あれ!? 俺の財布、どこへ行ったのかな？

What did you do on New Year's Eve?
   大晦日は、どんなことをしたの？

- ・Did you +動詞の原形〜？は、「あなたは〜しましたか？」という過去のことを尋ねる文です。be 動詞以外の一般動詞のときに、この疑問文を用います。答え方は、Yes, I did. / No, I didn't.。
- ・Did she / Did Mr. Brown / Did they のように、主語は何でも OK。
- ・否定文は、didn't +動詞の原形〜（〜しなかった）。didn't は did と not の短縮形です。
  I didn't see him.（私は彼に会いませんでした。）

お役立ちレシピ

I did not go there yesterday. のように、短縮形の didn't ではなく、did と強めの not で言うと、「僕は昨日、本当にそこへ行かなかったよ。」という強調の意味になります。

① 友人、同僚、奥様の髪型や長さの変化に気づいたときの声掛け。
I love your new haircut.（君の新しい髪型、いいね。）

② 口にマヨネーズが付いてるよ、というような場面。「さっき」は a minute ago。…or something（…か何か）は便利表現。
mayonnaise（マヨネーズ）の発音は〈メイアネイズ / メイアネイズ〉。

③ make it to…は「（乗り物など）に間に合う（= catch）」の意味。
make it には「都合がつく、成功する」の意味もあります。

④ こういうことって、本人には伝えにくいものです。
unzip〈アンジップ〉は、「〜のチャックを開ける」という意味。
チャック、ファスナーは、英語では zipper が一般的です。

⑤ この run は「（ストッキングの）伝線、ほつれ」の意味です。「伝線が走る」というイメージで。notice〈ノウティス〉（〜に気がつく）

Did you get a haircut?
髪、切ったのね？

I have to take in the laundry.

洗濯物を取り込まなくっちゃ。

・laundry 〈ローンドリ〉（洗濯物）

I have to+ 動詞の原形〜.

（私は〜しなければならない。）

「〜しなければならない、〜しなくっちゃ」という内容は、have to で表すことができます。

① **Oh, no! I have to take out the garbage right now.**

あら、いけない！ すぐにゴミを出さなくっちゃ。

② **I have to practice scales on the piano.**

ピアノでドレミファを練習しなくては。

③ **Oh, it's before noon. I have to go to a marriage-hunting party.**

あら、お昼前だわ。婚活パーティに行かなくっちゃ。

④ **I have to say, I'm not available tonight.**

じつは、今夜は都合が悪いんです。

⑤ **I've got to be back by four.**

４時までには戻らなアカンねん。〈大阪弁〉

 さらに応用 ステップアップ

I have to charge my smartphone.

スマホを充電しなくては。

You don't have to take off your shoes here.

ここで靴を脱ぐ必要はありません。《建物の入り口で》

Do I have to confirm my reservation? ・confirm 〈カンファーム〉（…を確認する）

私の予約を確認しなければなりませんか？

・have to…（…しなければならない）には、周りの事情でそうしなければならないという含みがあります。発音は〈ハフトゥー〉。

I have to go now.（もうおいとましなくちゃ。）

・主語が「彼、彼女、人名」のときは、He has to / She has to / Tim has to となります。has to は〈ハストゥー〉と発音します。

・must は堅苦しく感じられるため、日常では have to のほうが好まれています。

お役立ちレシピ
疑問文は Do I have to ～？（私は～しなければなりませんか？）、
否定文は don't have to ～（～する必要はない）になります。

① have to は must よりも響きが柔らかいので、「～しなくては」の意味が出ます。garbage〈ガービジ〉は「（台所の）生ゴミ」。

② ドレミファは、イタリア語の do, re, mi, fa からきています。英語では、scale〈スケイル〉（音階）/ sol-fa〈ソウルファー〉（（音階）のドレミファ）。

③「婚活」は、bride / husband-hunting、spouse-hunting とも言えます。spouse〈スパウス〉（配偶者）
「就活」なら、job-hunting、「家探し」なら、house-hunting。

④ I have to say,（私は言わなければなりません）が、クッションの役目を果たしてくれて、柔らかな言い方になります。

⑤ 口語の have got to…は have to…を強調した言い方で、短縮形でよく用いられます。by は「…までに（は）」の意味。

Oh, no!
I have totake out the garbage
right now.
あら、いけない！
すぐにゴミを出さなくっちゃ。

I'd like to see Mr.Adams.

アダムズさんにお目にかかりたいのですが。

I'd like to+動詞の原形～. (私は～したい。)

I'd like to は、I would like to ～の短縮形です。would like to ～は「～したい（と思う）」の意味になります。会話では、I と would をひっつけて、よく I'd と発音されます。

---

① **I'd like to talk with you alone.**
あなたと二人きりでお話ししたい。

② **I'd like to have a window seat.**
窓側をお願いします。

③ **I'd like you to meet my parents.**
私の両親に会っていただきたいのですが。

④ **I'd like this blouse in size 9.**
このブラウスの９号サイズが欲しいのですが。《デパートなどで》

⑤ **"Come to our housewarming party." "Sure, I'd love to!"**
「新居祝いのパーティに来てね」「もちろん、行く行く！」

 さらに応用 ステップアップ

I'd like to lie down, if possible.
　できれば、横になりたいのですが。

I'd love some company.
　ご一緒してもらえると嬉しいのですが。・company（同伴、同行）

I'd like you to keep it secret.
　そのことを内緒にしておいてね。

・I'd like to+ 動詞〜（（できれば）〜したいと思う）は、「あなたとお話ししたいのですが」、「お茶を一杯いただきたいのですが」といった、相手に対する依頼を含む、少し遠慮がちな言い方です。I'd は I would の短縮形です。

・would like to 〜（〜したい）は、同じ意味の want to 〜よりも丁寧で柔らかい言い方なので、年上や目上の人にも使うことができます。会話にオススメです。

お役立ちレシピ
I'd love to see you.（あなたにお会いしたいです。）のように love を使った言い方もあります。女性は I'd love to 〜を好む傾向があります。（⑤参照）

① 仕事のことでも、愛の告白でも、二人だけで話したい場合です。alone（二人きりで）が効果的です。

② 列車や飛行機などの切符を買うときに、こう言います。「通路側の座席」なら、an aisle seat です。aisle〈アイル〉の s は発音しません。

③「あなた」を挟んで、I'd like you to 〜 . とすれば、「（私は）あなたに〜してもらいたい」になります。

④ I'd like[love]+名詞は「○○が欲しいのですが」という意味。I'd like this in size ＋数字 .（これの○○サイズが欲しい）

⑤ I'd love to.（喜んで、ぜひそうしたいです。）は、誘いに応じる際の返答で、I'd like to. よりも積極的に応じるニュアンスがあります。housewarming party（新居移転のパーティー）

I'd like this blouse
in size 9.
このブラウスの
9号サイズが欲しいのですが。

"Can I borrow your umbrella?"
"Be my guest." · Be my guest.（どうぞご自由に。）《口語》

「傘をお借りしてもいいですか？」「どうぞご遠慮なく」

Can I〜? / May I〜?（〜してもよろしいですか？）

Can Iは、ひとかたまりで「キャナイ」、May Iは、「メイアイ」と発音してください。そのあとには動詞（句）が続きます。

① **Can I try this（on）?**

これ、試着してみてもいいですか？

② **Can I have a doggie bag?**

ドギーバッグに入れてもらえますか？

③ **Can I get you a taxi?**

タクシーを呼びましょうか？

④ **Can I expect you tomorrow?**

明日、お会いできますか？

⑤ **May I leave a message for her?**

彼女あてに伝言をお願いできますか？

 さらに応用 ステップアップ

I'm Miki. May I have your name, please?

私は美紀です。お名前は何とおっしゃいますか？

Can I get a room for tonight?

一泊したいのですが、部屋はありますか？ 《ホテルで》

May I trouble you with this?

これをお願いしてもいいですか？ ·trouble（…にお願いする）

- Can I＋動詞の原形〜？と May I＋動詞の原形〜？は、相手に許可を求める言い方で、日常会話では Can I〜？をよく使います。人が道で迷ったり、困っていたりしているときには、Can I help you?（お手伝いしましょうか？）と声掛けを。
- 電話の Can[May]I speak to Saki? は、「咲さんをお願いします」。
- Be my guest.（遠慮なくどうぞ。）は相手の依頼に対する快諾の返答で、「自分の家にいるときのつもりで、ご自由に」の意味です。

┌ お役立ちレシピ ─
Can I hold it? は、店で商品を「手に取ってもいいですか？」というときに。値引きして欲しいときには、Can I get a discount? と言います。
└

① 数点試着したいときや、靴など一足ものは、this を複数形の these にして、Can I try these (on)? と言えば OK。on なしでも大丈夫です。

② doggie[doggy]bag とは、レストランなどで食べ残した料理を持ち帰るときにもらう袋のこと。最近は、to-go box とも言います。

③「タクシーを拾う、捕まえる」もこう言います。
get you ○○で「○○を取[持]ってきてあげる」。
get you some water なら、「水を持ってくる」。

④「明日、あなたにお会いできると期待していいですか？」という上手い言い方。expect には、「人が来るのを期待する」の意味もあるのです。

⑤ leave a message は「伝言を残す」。May I take a message?（伝言をお聞きしておきましょうか？）も覚えておきましょう。

┌ もっとテクニック ┐

訪問先で、見るからに美味しそうなパイが出されました。手を伸ばしたいが、黙って食べるのもちょっと気がひける…、という時。あなたは笑顔で相手の眼を見て、たった2つの単語を言うだけです。さて、その2つの言葉とは何でしょう。

答えは、May I?↗です。「（頂いても）よろしくって？」の意味になるので、後ろに eat this pie なんて付けなくてもわかります。

Shall I peel an apple?

リンゴの皮をむきましょうか？ ・peel〈ピール〉（〜の皮をむく）

Shall I + 動詞の原形〜？

（〜しましょうか？）

Shall I は、「シャルアイ」と発音します。Can I と同じく、あとには動詞が続くので、このあと、相手に申し出る言葉を続けます。

① **Shall I show you around?**
ご案内しましょうか？

② **Shall I show you a shortcut to the exit?**
出口への近道をお教えしましょうか？

③ **Shall I pick you up at the station at half past ten?**
10時半に駅へ車で迎えに行きましょうか？

④ **Shall we help you with those documents?**
書類作成を手伝いましょうか？

⑤ **Do you want me to call an ambulance for you?**
救急車を呼びましょうか？

さらに応用 ステップアップ

Shall I fill the bath with hot water?
お風呂にお湯を入れましょうか？

Shall I look it up for you?
お調べしましょうか？

Shall I wash up and put the dinner things away?
ディナーの食器を洗って片づけましょうか？

・幼稚園からずっと私たちは社会生活をしているのですから、自分だけの行動はなかなかとれません。「窓を開けましょうか？」「近道しようか？」「ねえ、休憩しない？」というような呼びかけが多いでしょう。
・そういうときの「〜しましょうか？」や、「〜しようか？」はShall I 〜? / Shall we 〜? で表すことができます。

お役立ちレシピ

Shall we 〜? や、Let's 〜, shall we? に対する返事は、次のように言います。
Yes, let's.（うん、そうしよう。）/ No, let's not.（いや、やめておこう。）
---

① 後ろに the city が付くと、「街[市内]を案内する」です。「あなたを道案内する」なら、show you the way になります。この way は「道」の意味。

② 「近道」は shortcut。「近道をする」は、take a shortcut と言います。exit〈エグズィト〉（出口）。「入り口」は entrance。

③ pick 人 up は「（人）を車で迎えに行く」。
meet you at the station なら、「駅であなたを出迎える」です。
half past ＋数字は「○時半」の意味。

④ we なので、「私たちがお手伝いしましょうか？」という意味。
help 人 with 仕事など（人の仕事などを手伝う）
document〈ドキュメント〉（文書）

⑤ Do you want me to ＋動詞〜? の形も「〜しましょうか？」という提案や申し出を表現することができます。
ambulance〈アンビュランス〉（救急車）

Shall I show you around?
ご案内しましょうか？

Let's take a break.
ちょっと休憩しよう。

Let's ＋動詞の原形〜 .
（〜しましょう、〜しよう。）

Let's は「〜しましょう」の意味で、相手に誘いや提案を示す言い方です。
Let's の中には、「私」も含まれます。

① **Let's call it a night.**
今夜はこれでお開きにしましょう。《飲み会や夜の集まりなどで》

② **Let's keep in touch.**
連絡を取り合いましょうね。

③ **Let's at least ride a roller coaster.**
せっかくだからジェットコースターに乗ろうよ。《遊園地で》

④ **Let's go Dutch here, shall we?**
ここは割り勘でいかない？

⑤ **Let me have a bite.**
ひと口ちょうだい。

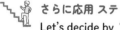 **さらに応用 ステップアップ**

Let's decide by 'rock-paper-scissors'!
じゃんけんで決めよう！

Let's wait for the traffic light to change.
信号が変わるまで待ちましょう。

Let me just go to the restroom.
ちょっとお手洗いに行ってきますね。

- 「レッツゴー」の Let's 〜. （〜しましょう）は、提案や誘いを表します。Let's は Let us の短縮形です。Let's の後には動詞の原形が続きます。Let's play go. （碁をしましょう。）
- Let's meet up tonight. （今夜集まろう。）のように、親しい友人や同僚、色々な人たちに言う「〜しよう」は、Shall we 〜? の他に Let's 〜. でも言い表すことができます。

お役立ちレシピ
否定文はLet's not 〜. （〜するのはよそう）。口語では、Don't let's 〜. / Let's don't 〜. とも言います。
Let's not waste time. （時間を無駄にするのはやめよう。）

① call it a night は「（夜間の集会や仕事などを）切り上げる」の意味。「（1日の仕事などを）打ち切る」なら、call it a day と言います。

② keep in touch は「（電話・メール・手紙などで）連絡を取り合う」で、親しくなった人や遠方へ行く人などに言う定番フレーズ。

③ at least （少なくとも）を加えると、「せっかくだから〜しようよ」の意味が出ます。ジェットコースターは和製英語。

④ …, shall we? が付くと、「…しませんか？」に。go Dutch は「オランダへ行く」のではなく、「割り勘にする」です。オランダ流にいくということで、「割り勘」はオランダ発祥なのかも。

⑤ Let me ＋動詞〜は、「私に〜させてください」です。
have a bite は「ひと口食べる」。「味見させてよ」の意味です。

Let's call it a night.
今夜はこれでお開きにしましょう。

You should get more exercise.

もっと運動したほうがいいですよ。

You should + 動詞の原形〜 .

（〜したほうがよい、〜すべきである）

should は、相手に対する穏やかな助言や提案を表すことばで、相手がその助言や提案を受け入れる可能性が高い場合によく使われます。

① **You should make a to-do list.**

to-do リストを作成したほうがいいよ。

② **You should take notes at the meeting.**

会議でメモを取るの、忘れないようにね。

③ **It's pretty far. You should probably take a bus.**

そこは結構遠いので、バスで行くのがいいと思うよ。

④ **You shouldn't eat a lot at midnight.**

真夜中にドカ食いするのはやめなよ。

⑤ **What should I do?**

どうしたらいいでしょうか？

 さらに応用 ステップアップ

You should check with your boss.

上司に相談したほうがいいよ。

"You should get back together with Junpei." "No way!"

「順平と、ヨリを戻したほうがいいんじゃない」「とんでもない！」

Heatstroke is scary. We should take it easy on hot days.

熱中症って、怖いね。暑い日には、無理をしないほうがいいわね。

・scary〈スケアリ〉（（物事が）怖い）

- should〈シュド〉は、相手に「〜したほうがいいよ」というソフトな助言・提案を与えるときに使います。主語の人称は何でも OK。形は過去形でも、現在の控えめな義務・忠告を表します。
- should の否定短縮形は shouldn't（④参照）、疑問形は Should I 〜？（⑤参照）になります。

お役立ちレシピ

had better 〜は、強い命令・警告の意味になるので、目上の人などには使わないこと。
You had better stop eating fat meat.（脂身の多い肉を食べるのをやめなさい。）

① このように、should は「〜したほうがいいよ」というアドバイスの言い方になります。to-do list とは、「やるべきことのリスト」のこと。

② メモをとることによって、あとで見直したり、再考したりできるのです。「忘れないように」の意味合いは、should に含まれています。

③ probably（おそらく）が加わると、「そうしたほうがいいと思います」というソフトな言い方になります。pretty（かなり）

④ should not を短縮形にすると shouldn't になります。「…すべきではない→しないほうがいい」の意味で、助言や穏やかな提案を表します。

⑤ 困った状況で、相手に助言を求めるときの言い方です。強い当惑や驚きなどを表します。

You should take notes
at the meeting.
会議でメモを取るの、
忘れないようにね。

What do you do?

お仕事は何ですか？

What do you +動詞の原形〜？
（あなたは何を〜しますか?）

What のあとには、疑問文形が続きます。「何」と尋ねるときに用います。

① **What do you want?**
何が欲しいの？

② **What do you say?**
どうですか？

③ **What would you like to drink?**
何をお飲みになられますか？

④ **What are you doing tomorrow?**
明日、何をしてる？

⑤ **What can I do for you?**
私に何かできることがありますか？

 さらに応用 ステップアップ

What do you mean by that?
それって、どういう意味？

What do you like doing in your free time?
暇なときには何をするのが好きですか？

What do you usually do on Saturday nights?
土曜日の夜は、たいてい何をしているの？

・What＋疑問文〜？は、すべて「何」ということを相手に尋ねる文です。見出し文 What do you do (for a living)？の直訳は「あなたは(生計のために)何をしていますか？」で、ここから、相手の職業をきく「お仕事は何ですか？」の意味になります。for a living はよく省略されます。
・What does that say?（あれ、何て書いてあるの？）は、看板や表示などの文字をきくときの言い方です。say は「…と書いてある」。

お役立ちレシピ
Sorry? What did you say?（すみません、今何ておっしゃったのですか？）は、相手の言ったことが聴き取れなかったときに。親しい友人などには、What? とも言います。

① この後に for your birthday を付けると、「誕生日には何が欲しい？」に。What would you like? だと、ぐっと丁寧な言い方になります。

②「今夜はお寿司屋に行こう。どう？」というようなときの「どう思う？」です。What's your opinion?（君の意見は？）に当たります。

③「コーヒー？ 紅茶？ それともビール？」と尋ねる場合です。丁寧な言い方なので、目上の人やお客様に使えます。

④「今、何をしているの？」なら、What are you doing now?ですが、「今」ばかりでなく、「明日」のことも、このように言えます。

⑤「お助けしましょうか？」というニュアンスです。また、店員がお客様に「ご用を承ります」という意味でも用います。

What can I do for you?
私に何かできることがありますか？

How about you?

あなたはどうですか？

How about 〜 ?

（〜はどう / 〜してはいかがですか？）

How about がひっついて「ハウバウト」、What about なら、「ホワッ（ト）バウト」と聞こえます。そのあとには、名詞や -ing 形が続きます。

① **How about 4:00 p.m.?**
午後 4 時ではどうですか？

② **How about sixty dollars?**
60 ドルではどう？

③ **How about drinking another glass of wine?**
ワインをもう一杯どうですか？

④ **What about having lunch with me?**
お昼、一緒にどうですか？

⑤ **How about that!**
いや驚いたね！

 さらに応用 ステップアップ

How about a drink at that Japanese Izakaya bar?
あの居酒屋で一杯やらないか？

How about your trip to Thailand?
タイ旅行はどうだった？

What about a little help?
ちょっと手伝ってくれませんか？

- How about you? は、「君はどうする？ どう思う？」という意味です。「僕はまずビールだ。あなたは？」、「今度のプロジェクト、社長も乗り気でね。常務、君はどうかね？」というように相手の意向を尋ねるときに使います。
- 「コーヒーをもう一杯どうですか？」「今夜、外で食事しない？」という誘いの表現も、この How about 〜? の形で言えます。

> お役立ちレシピ
>
> How about two o'clock? (2時でどうだい？)に対する答え方。
> Sounds good. See you then. (いいね。じゃあその時に。) sound (…のように思われる) / I can't. How about three? (ダメなんだ。3時ではどう？)

① 待ち合わせ時刻だけでなく、How about Tuesday evening? (火曜日の晩はどう？)のように、人の都合を聞くことも、予約入れにも使えます。

②「ねえ、70ドルだなんて言わないで、60ドルにまけてよ。お願い！」と店先で discount (値切る)ときにどうぞ。

③「〜しましょうよ」という誘いです。このように about の後に動詞がくるときは〜 ing の形にします。

④ How を What に替えても OK です。What about 〜? のほうが少しあらたまった感じになります。

⑤「いやー驚いたのなんの。彼を sushi-go-round restaurant (回転寿司)に連れて行ったら、100皿も食べたよ」なんていう驚きです。

What about having lunch
with me?
お昼、一緒にどうですか？

How much is this?
これはいくらですか？

How much is ～ ?
（～はいくらですか？）

How much は「どれくらい多く」で、「いくら（の値段）」の意味です。price を用いると、What's the price of A? (A はいくらですか?) になります。

① **How much is the fare to London?**
ロンドンまでの運賃はいくらですか？

② **How much are they in all?**
全部でおいくら？

③ **About how much will it cost?**
いくらくらいになりますか？

④ **How much is it with tax?**
税込みでいくらですか？

⑤ **How much is a concert ticket?**
コンサートのチケットはいくらですか？

 さらに応用 ステップアップ

How much does an upgrade to business class cost?
ビジネスクラスにすると、いくらかかりますか？《切符売り場で》

How much did it cost to fix the personal computer?
そのパソコンの修理にいくらかかりましたか？　・fix（…を修理する）

How much is the train fare to Nagoya and back?
名古屋までの列車の往復料金はいくらですか？《駅で》

- How much（いくら）は、値段を尋ねるときに役立つ言い方です。
- 基本パターンの How much is ○○ ? の形で、○○に聞きたい内容を入れます。
- 商店などで品物の値段を聞く場合、How much? とだけ言うより、How much is it?、複数の場合、How much are they? と言うほうが丁寧に響きます。

お役立ちレシピ
How much には、「どれくらいの量」の意味もあります。
How much do you weigh?（体重は、どのくらいありますか?）

① fare〈フェアー〉は「（乗り物の）運賃」。What's the fare…? もOKです。the train fare（汽車賃）/ the taxi fare（タクシー料金）など。

② in all は「全部で、合計で」です。全部なので、they（それらは）と複数形です。簡単に How much in all? と言っても通じます。

③ 大体の料金を聞く場合には、About（およそ、～くらい）を頭に付けます。cost は「（金額・費用が）かかる」という意味。

④ 日本でも消費税がかかります。外国ならばなおさらのこと。買う前に確かめましょう。「○○込み」は with で表現できます。tax(税金) / consumption[sales]tax((日本の)消費税)

⑤ theater ticket（観劇券）、admission fee（入場料）なども覚えておきましょう。
《入り口の表示》Admission by ticket only（入場は切符所持者のみ）

How much is it with tax?
税込みでいくらですか？

I've been awfully busy since last week.

先週からメッチャ忙しいの。
・awfully〈オーフリィ〉(ものすごく)

I have ＋ 過去分詞～. (私はずっと～である。)

have been は「ずっと～である」の意味で、状態や状況などが過去から現在まで続いていることを表します。会話では、I have を短縮した I've がよく使われます。

・ ・

① **I've been out.**

今まで外出していたんだ。

② **I've been with my company for eight years.**

私は、今の会社に勤めて 8 年になります。

③ **I've been staying away from work for a while.**

しばらく仕事から離れているの。

④ **Lately I've been trying to avoid a crowded car.**

最近は、混雑した車両を避けるようにしています。

⑤ **What have you been up to?**

最近、何をしているの？

・ ・

 さらに応用 ステップアップ

I've been dying to see you.

お会いしたくてたまりませんでした。《女性が好む言い方》

Kotone and I have been friends since childhood.

琴音と僕は子供の頃からの幼なじみです。

Lately I've been checking SNS in the train.

最近、電車内で SNS をずっとチェックしているの。

- have＋過去分詞の形は、「ずっと〜である（過去から現在まで続いている）」という内容を表します。これを現在完了形と言います。
- 「このところ、ずっとツキまくっています」「フラれるの、これで5連敗。」「姉は10日間ずっとスッピンだ」などというようなことを言うときに、この現在完了形（have＋過去分詞）が威力を発揮します。

> お役立ちレシピ
>
> 現在完了形は、過去に起因したことが、現在と何らかのつながりを持っている（have）ことを表します。日本語にはない表現ですが、感覚をつかんでください。

① 今まで外にいた、という意味。家の中にいたのなら in、海外に行っていたなら abroad、ここにいたなら here を、out と取り替えれば OK。

② 会社と一緒の状態を今も持っている(have)わけなので、現在も勤務が続いていることがわかります。

③ have been 〜 ing は、「（過去から現在も）ずっと〜している」ことを表します。この形を現在完了進行形と申します。
while（（短い）期間）

④ Lately I've been 〜 ing で、「最近はずっと〜している」となります。lately（最近）は、文末でも OK です。
 ▶ car は「（列車の）車両」《米》。

⑤ 「最近、どうしてた？」という意味。友人や知り合いに久しぶりに会ったときの決まり文句です。I've been working.（ずっと仕事をしてたよ。）のように答えます。

I've been with my company
for eight years.
私は今の会社に勤めて
8年になります。

I've just put on makeup.
私は今、化粧をしたところです。

I have + 過去分詞〜．（私は〜してしまった。）

「have +過去分詞」の現在完了形を使うと、動作が現在の直前に完了［終了］したことを表すことができます。会話では、「I've +過去分詞」の短縮形がよく使われます。

① **I've just e-mailed you the file.**
今、そのファイルをメールで送ったところです。

② **I've already tidied my room.**
私はもう部屋をかたづけました。

③ **I've lost my passport.**
パスポートを失くしてしまいました。

④ **I've heard a lot about you from Kotani.**
お噂はかねがね小谷君から伺っております。

⑤ **I haven't seen you for ages.**
お久しぶりです。

 さらに応用 ステップアップ

No more thanks. I've had enough.
もうけっこうです。お腹いっぱいです。《おかわりを勧められて》

I haven't watched the six o'clock news on television yet.
テレビの6時のニュースをまだ見ていません。

Haven't we met before?
以前、お会いしませんでしたか？

- ・現在完了形（have ＋過去分詞）は、「ずっと〜である（過去から現在まで続いている）」、「〜したところだ（完了）」、「〜してしまった（その結果、今〜である）」、「〜したことがある（過去の経験）」などを表します。
- ・「昨日からてんてこ舞いだ」「今、昼食をすませたところだ」「春が来た」「それは前に見たことがある」などの様子を現在完了形で伝えることができます。

お役立ちレシピ

I've lost my ring. （指輪を失くしちゃった。）→「失くした状態を今も持ち続けている（have）ので、今も失くしたまま」のように、現在完了形は、現在までの動作や状態の影響・結果も伝えられます。

① I've just ＋過去分詞〜 . は、「私は今、〜したところだ」を表します。「あなたのところに○○をEメールで送る」は、e-mail you ○○。

②「もう〜した」の「もう」は、already〈オールレディ〉で表します。tidy〈タイディ〉は、（〜を整頓する、片づける）という意味。

③ 失くすと後が大変です。外国でパスポートを紛失したり、盗まれたりしたら、警察に行ってから、日本大使館か、領事館に行く必要があります。

④ 日本語もこれと全く同じ言い方をしますね。これに対しては、I hope it's not bad.（悪いことでなければいいのですが。）と、ほほえみながら返すとよいでしょう。

⑤ この ages は「長い間（＝ a long time）」の意味。「私は長い間、あなたに会っていない」が、直訳。It's been so long. とも言います。
　　　　　　　　　　　　　　　　└ It has の短縮形。

I haven't seen you for ages.
お久しぶりです。

Have you ever seen a UFO?

UFO を見たことがありますか？

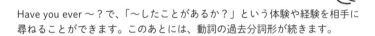

Have you ever ＋ 過去分詞〜？

（あなたは（今までに）〜したことがありますか？）

Have you ever 〜？で、「〜したことがあるか？」という体験や経験を相手に尋ねることができます。このあとには、動詞の過去分詞形が続きます。

① **Have you ever tried bungee jumping?**
　バンジージャンプをやったことある？

② **Have you ever tried "natto"?**
　納豆を食べてみたことある？

③ **Have you ever gone into a haunted house?**
　お化け屋敷に入ったことある？

④ **Have you ever had an online drinking party?**
　オンライン飲み会をしたことある？

⑤ **Have you ever been to any hot springs in Japan?**
　日本の温泉に行ったことがありますか？

 さらに応用 ステップアップ

Have you ever seen vampire bats anywhere?
　どこかで吸血コウモリを見たことある？　・vampire〈バンパイア〉

Have you ever gone up the Tokyo Skytree?
　東京スカイツリーに登ったこと、ある？

Have you ever run into your former wife on the street?
　通りで前の奥さんにひょっこり出会ったことある？

・Have you ever ＋過去分詞〜？は、「(一度でも)〜したことある？」という経験を尋ねる文です。 ► ever は「今までに」の意味ですが、日本語に訳さない場合が多い。

・否定文で「今までに一度も…ない」には、never〈ネバー〉を用います。
  I've never seen such a messy room.（こんなに散らかった部屋は一度も見たことがない。）messy〈メスィ〉（散らかった）

┌─ お役立ちレシピ ─
「〜したことがありますか？」と聞かれて、あるときは、Yes, I have.（はい、あります。）、ないときは、No, never.（いいえ、一度も。）と言います。回数を簡単に答えるときは、Once.（一度。）/ Twice.（二度。）/ Three times.（三度。）/ Many Times.（何度も。）などと返します。

① try は、「…を試す」の意味です。aerobics（エアロビクス）、midwinter swimming（寒中水泳）、skydiving（スカイダイビング）、Zen meditation（座禅）などもいかが？

② tryには「〜を飲食してみる」の意味もあります。sushi(お寿司)、Japanese sake(日本酒)などを try したことがあるか、尋ねてみては。

③ haunted〈ホーンテド〉は「幽霊の出る」の意味。「観覧車に乗ったことある？」なら Have you ever got on a Ferris wheel? です。
  ►米国人技師 G.W.Ferris が発明。《英》では big wheel。

④ have an online drinking party で「オンライン飲み会をする」です。他には、have a remote drinking party（リモート飲み会をする）も。

⑤「〜へ行ったことがありますか？」は、gone ではなく、been を使います。「温泉」は hot spring、spa〈スパー〉。►よく耳にする「スパ」は、ベルギーの温泉地の名から。

Have you ever tried
bungee jumping?
バンジージャンプを
やったことある？

I have nothing to do with the matter.

私はその件とは何の関わりもありません。

have nothing to do with ～
（～と全く関係がない）

have nothing to do with をひとかたまりのフレーズとして覚えてください。
nothing の部分は、意味に応じて something, a little, much などに変化します。

・・

① I have nothing to do with the new business.
　私は、その新規事業とは無関係です。

② I have nothing to do with that corruption.
　私は、その汚職とは何の関係もありません。

③ They have something to do with his promotion.
　彼らは彼の昇進と何らかの関係がある。

④ He must have a lot to do with the accident.
　彼はその事故と大いに関わりがあるに違いない。

⑤ Did you have anything to do with her divorce?
　君は彼女の離婚と何か関係があったのか？

・・

 さらに応用 ステップアップ

I have nothing to do with the new religion.
　私はその新興宗教とは無関係です。　・religion〈リリジョン〉〈宗教〉
We have nothing to do with that visiting salesperson.
　当社はその訪問販売員とは一切関係ございません。
What does it have to do with me?
　それが私と何の関係があるというのですか？

- have…to do with A は、「A と…の関係がある」です。
- 「…」には、関係の程度に応じて、something（多少の）、nothing（全く…ない）、little（ほとんど…ない）、a little（少し）、much / a lot（大いに）などがきます。

お役立ちレシピ

I have to do with 〜 は、「〜と関係がある」という意味です。この場合、something のような程度を表す語がないので、ズバリ、「つながりがある」となるわけです。

① nothing（何も…ない）なので、全く関わっていないということ。「事業を立ち上げる」は launch［start up］business です。launch は〈ローンチ〉と発音します。

②「全ては秘書のやったことでして」どこかで聞いたような…。corruption〈カラプション〉は、「贈収賄、汚職」。

③ えっ、彼がいきなり重役に!?　nothing がsomething になると、「…といくらか[何か]関係がある」となります。

④ a lot や much になると、「大いに関係がある」ことになります。a little だったら、「少し関係がある」なのですが…。

⑤ とんでもない。いったい誰がそんな噂を…。このように、疑問文には、have anything to do with…を用います。

I have nothing to do with that corruption.
私は、その汚職とは
何の関係もありません。

Something is wrong with my vacuum cleaner. ····

掃除機の調子がどうもよくない。 ・vacuum〈バキューム〉

Something is wrong with 〜
（〜はどこかがおかしい）

Something is wrong with までを切らずに「サムスィンギズロングウイズ」と
発音して覚えていってください。wrong の w は黙字（発音しない文字）。

• •

① **Something is wrong with the air conditioner.** ·····
エアコンの調子がおかしいようだ。

② **Something is wrong with my stomach today.** ·····
今日は胃の調子がよくないんだ。

③ **Something is the matter with the Internet connection.** ·····
インターネットの接続に問題があります。

④ **Is anything wrong with him?** ·····
彼はどうかしたの？

⑤ **What's the matter（with you）? You look pale.** ·····
どうしたの？ 顔色が悪いよ。

• •

 さらに応用 ステップアップ

Something was wrong with her yesterday.
昨日の彼女はどうかしていたね。

Nothing is wrong with this antique clock.
このアンティーク時計はどこも故障していません。

There is something wrong with this washing machine.
この洗濯機はどこか調子が悪い。

- Something is wrong with A. （A はどこか具合が悪い。）は、成句として暗記しましょう。
- 疑問文は Is anything wrong with A?↗
  否定文は Nothing is wrong with A.
- wrong〈ロング〉は、「（機械が）故障で」、「（体調などが）調子が悪い」という意味の形容詞で、物にも、人にも使えます。

お役立ちレシピ
There is something wrong with my car. （私の車はどこかおかしい。）
という言い方もあります。

① このように with のあとに機械ものがくると、「○○の具合がおかしい、調子が良くない」の意味になります。

② おそらく、その原因は、昨夜の飲み過ぎ、食べ過ぎでしょうね。stomach（胃）の発音は、〈ストマック〉ではなく、〈スタマク〉。

③ matter は名詞で、「困った事、やっかいな事、故障」の意味。the をお忘れなく。wrong と取り替えても、意味は、ほぼ同じです。

④ 人や物について、どこか具合が悪いのかどうかを尋ねる言い方です。疑問文では、このように anything を用います。

⑤ 人が困っていたり、体調が悪そうな場合に、こう言います。「ワッツマラ」と聞こえます。What's wrong? や What's up? も同意。

Something is wrong with
my stomach today.
今日は、胃の調子がよくないんだ。

Will you wash up the dishes?

お皿を洗ってくれない？

Will you ～ ？（～してくれないか？）
Won't you ～ ？（～しませんか？）

Will you, Won't you は「依頼・勧誘」を表す言い方です。
このあとには、動詞を含む語（句）が続きます。

① **Will you tell me your alibi last night?**
あなたの昨夜のアリバイを言ってくれる？

② **Will you go and pick up the morning paper?**
朝刊を取ってきてくれないかな？

③ **Will you please deliver a pizza to my house?**
ピザを１枚家まで配達してくれませんか？

④ **Will you pass me the salt, please?**
塩を取ってくれませんか？ 《食卓で》

⑤ **Won't you have some more soda?**
ソーダをもう少し召し上がりませんか？

 さらに応用 ステップアップ

Will you keep an eye on my baggage for a minute?
少しの間、私の手荷物を見ていてくれませんか？

Will you water the garden with a hose?
ホースで庭に水をまいてくれないか？ ・hose〈ホウズ〉（ホース）

Stay and eat dinner with me, won't you?
ゆっくりして、夕食を一緒にしない？

・Will you + 動詞の原形〜? は、「〜してくれないか?」「〜してくれる?」という意味で、親しい人に軽い頼み事をするときなどに使う普段着的な言い方です。

Will you draw a map to your house?
（君の家までの地図を描いてくれないか?）

・目上の人への頼み事や、丁寧な依頼には、Could[Would] you 〜? を使います。（次項目に登場）

お役立ちレシピ

Will you fax this report to the head office? (この報告書を本社にファックスしてくれたまえ。) のように、仕事での部下への指示では、命令口調に近くなります。

① できればこういう質問をされることがないようにしたいですね。alibi〈アリバイ〉は、「現場不在証明」です。

② pick upには「(物)を取ってくる」の意味もあります。 日本語の「ピックアップする（選び出す）」は、英語ではpick outと言います。

③ please を付けると、丁寧に。Can you 〜? とも言えます。なお、店の表示で "FREE DELIVERY" とあるのは、「無料配達します」の意味です。

④ Will you please pass me the salt? と言っても OK。「塩」以外に pepper（コショウ）、Worcester sauce（ウスターソース）、seven-flavor chili pepper（七味唐辛子） なども。

⑤ soda のところを juice（ジュース）、soft drinks、tea、coffee などに取り替えてお使いください。▶物を勧めるときは、疑問文でも some を使います。

Will you please deliver a pizza
to my house?
ピザを1枚家まで配達して
くれませんか?

Could you introduce me to your wife?

私をあなたの奥さんに紹介してくださいませんか？

Could [Would] you + 動詞の原形〜？

（〜していただけませんか？、〜していただけますか？）

Could you / Would you 〜？は、相手に頼み事や依頼をする
ときの丁寧な表現です。

---

① **Could you tell me the way to the aquarium?**

水族館へ行く道を教えていただけませんか？

② **Could you page my child?**

私の子供を呼び出していただけますか？

③ **Could you wrap them separately?**

それ、別々に包んでいただけますか？

④ **Could you speak a little more slowly?**

もう少しゆっくり話していただけますか？

⑤ **Could you repeat that, please?**

もう一度言っていただけますか？

 さらに応用 ステップアップ

Could you give us a ride to the station?

私たちを駅まで乗せて行っていただけますか？

Would you be able to help us?

お手伝いいただくことはできますか？

Could you please explain how to make muffins again?

もう一度マフィンの作り方を説明していただけますか？

・explain〈イクスプレイン〉（…を説明する）

・Could you ～？と Would you ～？は「～していただけますか？」
という依頼の表現ですが、両者には微妙な意味の違いがあります。
・Could you ～？は「～することはできますか？」という可能性を、
Would you ～？は「～するつもりはありますか？」という相手の
意志や気持ちを尋ねます。
・丁寧に相手に依頼やお願いをするときは、Could you ～？をオス
スメします。

お役立ちレシピ

Could you tell me, where is the souvenir shop? (すみません、土産物店は
どこでしょうか？)のような言い方もできます。
・souvenir〈スーベニア〉(土産物)

① the way to ～ (～へ行く道) は役立ちます。「～」のところに
目的地をはめ込めば OK。文全体を暗記しましょう。
aquarium〈アクウェアリアム〉(水族館)

② page は「(場内放送などで)(人)を呼び出す」の意味。
Paging Ayachan. お呼び出し申し上げます、彩ちゃん。〈遊園地
などでの放送の文句〉

③ separately〈セパレトリ〉(別々に)が、ポイント。店先で、すっと
言えるようにしておきましょう。wrap〈ラップ〉(…を包む)の
「w」は黙字。

④ Could you slow down? とも言えます。
Could you say in other words? (他の言い方で言っていただけ
ませんか？) も役立ちますよ。

⑤ Could you say that again, please? と言っても同意です。聴き
取れなかったときには、遠慮せずにこう頼むのです。

Could you tell me the way
to the aquarium?
水族館へ行く道を
教えていただけませんか？

Would you like to drop in at my house? ····

ちょっとウチに寄りませんか？ ・drop in（ちょっと立ち寄る）

Would you like to ＋動詞の原形〜？
（〜なさいませんか？）

Would you like to 〜? は、「〜するのはいかがですか？」と相手に何かを
勧めたり、希望を聞いたりするときに用いる丁寧な言い方です。

・・・・・・・・・・・・・・・・・・・・・・・・・・・・・・・・・・・・・・・

① **Would you like to join us?** ····

一緒に参加しませんか？

② **Would you like to share my umbrella?** ····

私の傘に入りませんか？

③ **Would you like a hot drink?** ····

温かい飲み物はいかがですか？

④ **"Would you like seconds?" "I'm full. Thank you."** ····

「お代わり、いかが？」「お腹いっぱいです。ありがとう」

⑤ **Would you like some company?** ····

ご一緒してもいいですか？

・・・・・・・・・・・・・・・・・・・・・・・・・・・・・・・・・・・・・・・

 さらに応用 ステップアップ

Would you like to go shopping at a department store?

デパートへ買い物に行きませんか？

Would you like a cup of coffee or something?

コーヒーか何か、いかがですか？

"Would you like beer or sake?" "Either is fine."

「ビール？それとも日本酒がいい？」「どちらでもいいですよ」

- Would you like to ＋動詞の原形〜？（〜するのはいかがですか？）は、Do you want to 〜？（あなたは〜したいですか？）よりも、ずっと丁寧な言い方です。
- Would you like me to ＋動詞〜？（（私が）〜しましょうか？）は、助力の申し出に。
  Would you like me to guide you? （ご案内しましょうか？）

お役立ちレシピ

「〜はいかが？」と勧められて、もらう場合には Thank you. I'd like one very much. （ありがとう、ぜひ。）が丁寧な言い方です。
断る場合には、No, thanks, I'm fine. （いえ、もう十分（結構）です。）と返答。Fine. だけだと、「いいな（ごちそうになろう）」と逆の意味になるので、注意！

① 食事、遊び、スポーツ、パーティなど、何にでも。具体的な誘いなら、Would you like to see a movie? （映画を見るのはいかがですか？）も。

② 傘がなくて困っている人へのひと言です。親しい間柄なら、Want to share my umbrella?↗ も OK です。

③ Would you like ○○？は「○○はどうですか？」と尋ねるフレーズ。
  Would you like some dessert? （デザートはいかがですか？）

④ seconds は「（食事の）お代わり」の意味で、複数形で用います。他には、Would you like another helping? という言い方も。

⑤ この company は「同席、一緒にいること」の意味。別れ際の言葉なら、I enjoyed your company. （ご一緒できて楽しかったです。）がオススメ。

Would you like to join us?
一緒に参加しませんか？

Could I have some more coffee? ····

コーヒーをもう少しいただけますか？

Could I ＋ 動詞の原形〜？

（〜してもいいですか？／〜しましょうか？）

Could I は、「クダイ」と聞こえます。Could I のあとに動詞と必要な語（句）を続けます。許可を求めたり、提案をしたりするときの丁寧な表現です。

・・・・・・・・・・・・・・・・・・・・・・・・・・・・・・・・・・・・・・

① Could I get two pairs of chopsticks? ・・・・

お箸を２膳もらえますか？

② Could I carry that suitcase for you? ・・・・

そのスーツケースをお持ちしましょうか？

③ Could I pay with e-money? ・・・・

電子マネーで支払いできますか？

④ Could I borrow your mittens? ・・・・

あなたの手袋を借りてもいいですか？

⑤ Could we talk about this later? ・・・・

この件は後で話し合いませんか？

・・・・・・・・・・・・・・・・・・・・・・・・・・・・・・・・・・・・

 さらに応用 ステップアップ

Could I touch the goods on display?
　陳列してある商品にさわってもいいですか？《店で》

Could I speak to Mr. Watanabe, please?
　（電話で）渡辺さんをお願いします。

"Could I park my bike here?" "I'm afraid you can't."
　「ここへ自転車を止めてもいいですか？」「すみませんが、だめです」

・Could I / we 〜? は、「〜してもよろしいですか？」と許可を求める表現になります。仮定法の could を用いるため、丁寧で、より柔らかい響きになります。控えめで丁寧な助言や提案、援助を表すときにも用いられます。（②参照）

Could I bring you a brochure?（パンフレットをお持ちしましょうか？）► brochure の発音は〈ブロウシャ〉または〈ブロウシュア〉。

お役立ちレシピ
Could I / we 〜? に対する返答は、could ではなく、can を用いて、Yes, of course (you can).（ええ、もちろんどうぞ。）のように言います。否定の返答は前ページ最終文を参照。

① 「…をいただけますか？」は、Could I have…? とも言います。「箸」は 2 本で 1 組なので、chopsticks と -s が付きます。発音は〈チャプスティクス〉。

② Could I…(for you)?（…しましょうか？）は Can I よりも柔らかな響きで、ぐっと丁寧な申し出になります。
carry（…を持ち運ぶ）

③ e-money は electronic money の略語。「スマホで支払ってもいいですか？」なら、Could I pay with a smartphone? です。いわゆるスマホ決済ですね。

④ mittens〈ミトンズ〉は「（防寒用の親指だけ分かれた）二また手袋」のこと。► 2 つでひと組なので -s が付きます。5 本指の手袋は gloves〈グラブズ〉。

⑤ Could we…?（…しませんか？）は、柔らかな提案を表します。会議で皆が疲れているようなとき、こう言ってくれる人がいると、助かります。

Could I carry that suitcase
for you?
そのスーツケースをお持ちしましょうか？

How can I get to the train station?

駅へはどう行ったらよいでしょうか？

How can I ＋動詞の原形〜？

（〜するにはどうやったらいいですか？）

How can I は、「ハウキャナイ」というようにひとかたまりで、Where can I も同じように、「ホウェアキャナイ」と発音してください。方法や場所を尋ねるときに使います。

① **How can I use this computer?**
　どうやったらこのコンピューターが使えますか？

② **How can I connect to the internet?**
　インターネットの接続はどうやったらいいですか？

③ **Where can I find the shuttle bus?**
　シャトルバスはどこですか？

④ **Where can I get the train for Liverpool?**
　リバプール行きの電車はどこで乗れますか？

⑤ **Where can I get a meal ticket?**
　食券はどこで買えばいいですか？

さらに応用 ステップアップ

How can I get to the airport by three thirty?
　どうやったら3時30分までに空港に行けるでしょうか？

How else can I do it?
　ほかにどんな方法でそれができますか？

Where can I get off the bus and transfer to the metro?
　どこでバスを降りて、地下鉄に乗り換えたらいいですか？

・metro（（パリなどの）地下鉄）

・袋や包み、缶詰などがなかなか開かないときって、イライラしますよね。そんなときには、How can I open this?（これはどうやって開けたらいいですか？）と聞くことです。

・How は方法や手段を、Where は場所を尋ねるときに用います。

お役立ちレシピ

Where can I+動詞の原形～?（私はどこで～できますか?）は、特に乗り物や、商品の購入に関してわからないときに人に聞くことができる、便利な表現です。

① 自国のものと違う機種だと、勝手がわからないものです。わからないときには悩んでないで、聞くことです。

② How can I access the Wi-Fi?（どうやったら Wi-Fi につながりますか？）という言い方も。connect to…は「…に接続する」。

③「私はどこでシャトルバスを見つけることができますか？」が、直訳です。シャトルバスとは、近距離用の折り返し運転バスのことです。

④ Where can I get the train for ～?（～行きの電車はどこで乗れますか？）の「～」のところに行き先を入れてお使いください。

⑤ 単に a ticket なら、「切符、乗車券、入場券」です。列車、バスなどでは、a ticket for[to]London（ロンドンまでの切符）と言います。

How can I use this computer?
どうやったらこのコンピューターが
使えますか?

How many kids do you have?

お子さんは何人いるの？

How many ＋ 複数形〜？ (いくつの〜？)

How many apples / How many people というように、
How many ＋複数名詞まで一気に発音してください。そ
のあとに疑問文を連結していきます。

① **How many smartphones do you have?**
スマホ、何台持っているの？

② **How many nights are you going to stay in Kyoto?**
京都で何泊する予定ですか？

③ **How many ladies are you dating?**
きみは何人の女性と付き合っているんだい？

④ **How many times have you been to Nagoya?**
名古屋へは何回行ったことがありますか？

⑤ **How many hours until departure?**
出発まで何時間待ちですか？

 さらに応用 ステップアップ

How many days a week do you work at this cafe?
週に何日、このカフェで働いているの？

"I've got lots of presents." "Really? How many?"
「プレゼントを沢山もらったよ」「本当？　いくつ？」

How much money do you have right now?
今いくら持ってる？

・会話では、次のように要点だけをついた言い方も使われています。
How many stops to Sakuramachi 3-chome?（桜町 3 丁目まで停留所は、いくつですか？）
（答え方）Five (stops).（5 つです。）

> **お役立ちレシピ**
> money（お金）や、information（情報）などは、数えられない名詞です。これらは、How much money、How much information のように、much を用います。（最終文参照）

① このように How many ＋複数形名詞のあとには、疑問文が続きます。「ハウメニィ…」のあと、疑問文を連結してください。

② 英語では、1 日は夜を起点に考えます。そのため、「1 泊」を one night、「2 泊 3 日」なら、two nights and three days とするわけです。

③ かつて、曜日によって付き合う女性が替わるという男性がいたそうです。ということは、日曜日を入れて 7 人！
date は「（異性）とデートする」の意味の動詞。

④ How often（何回くらい）という言い方もありますが、より具体的な回数を尋ねるときは、このように How many times（何回）を用います。

⑤ この How many hours until…?（…まで何時間（待ち）ですか？）は便利でしょう。飛行機、列車、バスなどで。

How many smartphones
do you have?
スマホ、何台持っているの？

What time do you usually go to bed? ····
ふだん、何時に寝ますか？

What time 〜 ?
（何時に〜しますか？）

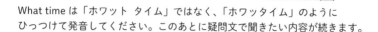

What time は「ホワット タイム」ではなく、「ホワッタイム」のように
ひっつけて発音してください。このあとに疑問文で聞きたい内容が続きます。

① **What time are you coming home?** ····
　何時に家に帰りますか？

② **What time is the curfew in your house?** ····
　門限は何時ですか？

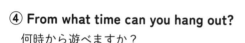

③ **What time does this shop open?** ····
　この店は何時に開きますか？

④ **From what time can you hang out?** ····
　何時から遊べますか？

⑤ **Around what time will that be?** ····
　それは何時頃ですか？

 さらに応用 ステップアップ

What time can I be there?
　何時にそこに行けばいい？

What time do you start and finish work?
　何時から何時まで仕事ですか？

Until what time can you take a break?
　何時まで休憩ですか？

・「今、何時ですか？」は、What time is it (now)? がよく知られていますが、他に次の言い方もあります。

・What's the time? / What time do you have? / Do you have the time?《アメリカ口語》/ Could you tell me the time?《丁寧》

お役立ちレシピ
「何時？」と聞くからには、相手がいるわけです。相手の都合を尋ねるときは、What time is good for you?（何時がいいですか？）が、役立ちます。

① 相手の都合を聞いておけば、電話も訪問も予定が立てやすくなります。進行形 coming を使っているのが上手いところ。

② デートするときには、このように前もって聞いておけば安心ですね。curfew〈カーフュー〉は、「門限」。
What time is your curfew? でも OK。

③ 視点を変えて、What time do you open? と聞いても OK です。閉店時刻を尋ねるなら、What time does this shop close? となります。

④ From を付けると、「何時から」を表現できます。hang out は「ぶらぶらと過ごす」ですが、「遊ぶ」の意味でも使われます。

⑤ 「何時頃」は About what time とも言えます。人の訪問や宅配の到着から料理の出来具合まで、何にでも使えて便利です。

What time is the curfew
in your house?
門限は何時なの？

Please tell him to wait there. ·····

彼にそこで待つように言ってください。

tell ＋ 人 ＋ to ＋ 動詞の原形〜

（(人)に〜するように言う）

Tell Yuka / to come here / in ten minutes.
Please tell her / to be / in touch.
のように、意味のまとまりずつ発音するのがコツです。

① **Tell Yuka to come here in ten minutes.** ·····
由香に、10分後にここへ来るように言ってくれ。

② **Please tell her to be in touch.** ·····
彼女に、連絡するように言っておいてください。

③ **Please tell Chris not to go out until two p.m.** ·····
クリスに、午後2時まで外出しないように言ってください。

④ **Please tell him I'll go straight home without returning to the office.** ·····
私は帰社せずに直帰すると、彼に伝えてください。

⑤ **Ask Mr. Endo to submit his proposal.** ·····
企画書を提出するように遠藤くんに頼んでくれ。

 さらに応用 ステップアップ

Tell her to arrange for a meeting at ten o'clock.
彼女に10時の会議の手配をするように伝えてくれ。

Tell our daughter to try to avoid an unbalanced diet, darling.
あなた、娘に偏食をしないように言ってちょうだい。

Please tell my husband not to drink too much tonight.
夫に今夜は飲み過ぎないように言っておいてね。

- 仕事や日常生活で、人に頼むことはよくあります。「課長にすぐ来るように言ってくれたまえ」という社長の命令から、「夫に今日は早く帰宅するようにお伝えください」という妻のお願いまで、色々あります。
- 誰かに伝言を頼むとき、英語では、tell＋人＋to＋動詞～（（人）に～するように言う）の形を使います。

お役立ちレシピ

Tell him never to be late for the meeting.（絶対に会議に遅れないように、彼に伝えてくれ。）のように、never を使うと「決して…ない」の意味が出ます。

① この in は「（今から）…後に」の意味。「1時間後に」なら、in an hour。「ただちに」なら、right now / right away / at once / immediately〈イミーディエトリ〉。

② be in touch は「連絡する［している］」の意味。この touch は「接触」。別れ際の I'll be in touch.（連絡するからね。）は、定番表現。

③「～しないように」という否定は、「not to ＋動詞～」の形にします。until〈アンティル〉（…まで（ずっと）＝ till）

④ このように、tell ＋人のあとに文をひっつけることもできます。「直帰」は英語にないので、「社に戻らずに直接帰宅する」と英訳します。

⑤「頼む」場合は、ask＋人＋to＋動詞～（（人）に～するように頼む）を用います。submit〈サブミット〉（…を提出する）

Please tell her to be in touch.
彼女に、連絡するように言っておいてください。

Well.

そうですね。

Well, 〜 . (それで、さて、ええと、まあ、ええっ)

この Well（間投詞と言います）があるおかげで、会話が滑^{なめ}らかになります。もし Well がなかったら、どんなにぶっきらぼうで味気ない言い方になるかを考えてみてください。

● ●

① **Well, let's see.**

ええっと、そうですね。

② **Well, then?**

ほう、それで？

③ **Well, it's time to leave.**

さて、もうおいとまする時間です。

④ **Well, let me think for a moment.**

うーん、ちょっと考えさせてください。

⑤ **Well, do you really think so?**

ええっ、君、本当にそう思うの？

● ●

 さらに応用 ステップアップ

Well, to make a long story short….

　ところで、手短に言えば…。

"How about starting school in September?" "Well, I don't agree."

　「9月入学をどう思う？」「うーん、私は同意できないな」

Well, well, that can't be helped.

　やれやれ、それじゃあ、仕方がないねえ。

・人間は感情の生き物です。話す内容によっては、すぐに本題に入らず、「まあ、その〜、何と申しましょうか」などと、ためらいを表すときや、相手の質問に対して、考えるために間をおいて「ええと」「そうですね」と言うときもあります。「さて」「それで」「それから」「まあ」「えーと」「うーん」「いやー」といった言葉を話の間に入れることによって、それらが潤滑油の役目をするのです。これは英語でも同様で、その代表的なものに Well, があります。

お役立ちレシピ
話を切り出すときにWell, と言うと、「さて」「ところで」の意味になります。まず、Well と言えば、たいていの会話はつながります。

① こう言って、考える間をつなぐのです。let's see（ええと）にWell を加えて時間を稼ぎます。Well, let me see. とも言います。

② こう言うと、相手は自分の話をよく聞いてくれているな、と感じて「それでね……」となります。

③ この「さて」がきっかけで帰り支度が始まり、失礼する段になって、Well, so long.（じゃあ、さようなら。）となるわけです。
  ▶ so long は「さようなら」の意味で、親しい人同士で用います。

④ 即答に困ったときには、こう言って間をとるのです。Well があると、「うーん、ええっと」などの意味になって、やわらかさが出ます。

⑤「いや、これは驚きだ」というときに Well を使うと「いやー、ええっ」などの意味になります。

Well, let me think for a moment.
うーん、ちょっと考えさせてください。

Actually, I ordered lemonade.

あのう、僕が注文したのはレモネードなんですけど。

・lemonade は、レモン汁に水・砂糖を混ぜて作る飲み物。

Actually, 〜 (あのう〜)

actually は日々の生活の中でひんぱんに出てきます。相手に声掛けしたり、本題を言う前に入れたりして、会話を滑らかにするクッションのような役目をします。

① **Actually, I don't like raw fish very much.**

あのう、私、生魚(刺し身)は苦手なんですけど。

② **Actually, I prefer rice to bread.**

あのう、パンよりもご飯のほうがいいんですけど。

③ **Actually, I dislike pushy people.**

ぶっちゃけ、私は厚かましい人が嫌い。

④ **Well..., actually, I gained 10 kilos.**

実は…10 キロ太ってしまいました。

⑤ **Well, actually, I'm not getting along with my boss these days.**

実はですね、最近、上司と上手くいっていないんです。

 さらに応用 ステップアップ

Actually, I'd like to talk with you.

あのう、ご相談したいことがあるんですが…。

Actually, I can't find denim pants in my size.

実は、私のサイズに合うデニムパンツが見つからないんです。

Actually, I'd rather stay home tonight.

本当は、今夜は家にいたいんです。

・would rather＋動詞(〜する方がいい)

- actually は、「実は」という意味以外に、日本語の「あのう」「すいませんが」に当たる日常的なことばで、発言を和（やわ）らげる働きをしてくれます。
- 注文したものと違うものが出てきたときや、人のミスを訂正するとき、ストレートには言いにくいことを言うときなどの前置きのような役割をするのが、この actually です。

お役立ちレシピ

このactually のように口調や語調をやわらかくする効果をもつ言葉のことを、英語でsoftener〈ソフナー〉と呼びます。

① 言いにくいとき、切り出しはこう言います。そのあとに「○○は好きじゃない、別の物をくれ」というこちらの希望を言うのです。raw〈ロー〉(生（なま）の) a raw egg(生卵)

② prefer A to B（B より A を好む）の使い方は、**好きな方（A）が先に来る**と覚えてください。発音は、prefer〈プリファー〉。

③「本音を言うと」という意味です。「ぶっちゃけ」は英語にすると、こうなります。pushy〈プッシィ〉(厚かましい)は、push(押す)が語源。

④ Well を付けると、言いにくいことを少しでもあとへのばそうとする心が、相手にも伝わるでしょう。

⑤ get along with 〜は「〜と仲良くやっていく」という意味。他には、get on (well) with 〜《主に英》でも同意。

Actually,
I prefer rice to bread.
あのう、パンよりもご飯のほうが
いいんですけど。

To tell the truth, I'm a reptile lover.

実を言うと、私、爬虫類好きなんです。
・reptile〈レプタイル〉(爬虫類(の動物))

To tell the truth, （実はね、実を言うと）

to tell the truth は、切り出しにくいことを言うときの前置きとして用いられます。「実はね…」と言って少しためてから、本心を打ち明けるのです。

① **To tell the truth, I'm sensitive to cold.**
実を言うと、私は寒がりなんです。

② **To tell the truth, I made a prank call to my father today.**
実は今日、父親にイタズラ電話をかけました。

③ **To tell the truth, I solved the problem in secret.**
実を言うと、私がその問題をこっそり処理しました。

④ **The truth is, I'm a single mother of four children.**
実は私、４人の子持ちのシングルマザーなの。

⑤ **The truth is, I don't care for rich food much.**
実を言うと、私は油っこい食べ物があまり好きではありません。

 さらに応用 ステップアップ

To tell the truth, I have a smell fetish.
　実は、私、匂いフェチなの。　　・fetish〈フェティシュ〉(フェチ)
To tell the truth, this pink tie doesn't go with my suit.
　実は、この桃色のネクツイは僕のスーツに合わない。
Well, to tell the truth, I don't quite understand what you mean.
　実は、あなたの言おうとしていることがよくわからないんだ。

・To tell the truth は、「実は、本当のことを言うと」の意味で、言いわけ、告白、個人的な意見などを言うときの前置きの役目をします。「実は…」と言ってから、「私、凄い大食いなんです」とか、「あの花瓶を割ったのは、私なんです」というような、言いにくいことを述べるわけです。To tell you the truth とも言いますが、会話では、you はよく省略されます。

お役立ちレシピ
見出し文の a ○○ lover は、「○○好きの人、○○愛好家」の意味。
a music lover（音楽好きの人）、a curry lover（カレーの愛好家）など。

① be sensitive to 〜で「〜に敏感である」です。sensitive の発音は〈センスィティブ〉。「暑がり」は cold を heat にします。

② 特殊詐欺対策の練習でもしたのかもしれませんが、イタズラ電話はあまり感心しませんね。・prank〈プランク〉（いたずら）

③ in secret は「ひそかに」の意味。後輩のミスをフォローする目的ならいいのですが…。

④ このように、The truth is, に文を連結することができます。それにしても、お子様が4人とは、ご立派！

⑤ rich には、「栄養価（カロリー）の高い、こってりした」の意味があるのです。「高級な食べ物」と誤解しないように、ご注意！
▶ care for（…が好きである）は、主に否定文・疑問文で用いられます。

The truth is, I'm a single mother
of four children.
実は私、4人の子持ちの
シングルマザーです。

Frankly speaking, I don't really like this color. ····

率直に言って、僕はこの色があまり好きではありません。

· not really（あまり…ではない）

Frankly speaking,（率直に言って、正直なところ）

Frankly speaking は、特に言いにくいことや、相手にとって不快なことを言う場合に用いられます。そのため、あとには否定的な内容がよくきます。

● ●

① **Frankly speaking, you're mistaken.** ····

率直に言って、あなたは間違っています。

② **Frankly speaking, you are to blame for this loss.** ····

率直に言って、この損失は君に責任がある。

③ **Frankly speaking, I can't afford to buy this ring.** ····

打ち明けて言うと、僕にはこの指輪を買う余裕はない。

④ **To be frank with you, you are too direct in your remarks.** ····

率直に言って、君はストレートに物を言いすぎるよ。

⑤ **"What do you think of my pants?" "Frankly, it's a disaster."** ····

「このパンツ、どう？」「はっきり言って、ひどい」

● ●

 さらに応用 ステップアップ

Frankly speaking, I just can't stand him.

　率直に言うと、彼の事が生理的に無理です。 ·stand(…に耐える)

To be frank with you, I don't think this will work.

　正直言って、これはうまくいかないと思うよ。 ·work(うまくいく)

Honestly, I find it difficult to keep pace with everybody.

　正直なところ、みんなと歩調を合わせるのは大変だ。

・英語の frank の意味は「率直な、ざっくばらんな」で、日本語の「包み隠しのない」に当たります。「フランクな」ということばのイメージよりも意味が強く、「言いたいことを遠慮なく、ズバっと言う」に近くなります。本音は言いにくいものなので、先にFrankly speaking と発話してから、本心を述べるわけです。
To be frank(with you)や、To speak frankly とも言います。

お役立ちレシピ
似た言い方にHonestly〈アネストリィ / オネストリィ〉があります。「正直に言って、正直なところ」の意味で使われます。(前ページ最終文参照)

① いきなり、「あなたは間違っています」と言うのと比べてみてください。Frankly speaking, が一種のクッションの役目をしているでしょう。

② be to blame は「(…に対して)責任がある」という意味。これも前置きに Frankly speaking, を置くほうが、言いやすくなります。

③ 言いにくいけれども、自分の本音を言うと、です。
can't afford to+動詞は「〜する余裕がない」。

④ plain〈プレイン〉(率直な)を使った To be plain with you も同意。
direct〈ダイレクト / ディレクト〉(直接的な)、remark〈リマーク〉(発言、意見)

⑤ このように Frankly だけでも OK。disaster〈ディザスター〉は、「(目も当てられない)大失敗」の意味。

Frankly speaking,
I can't afford to buy this ring.
打ち明けて言うと、
僕にはこの指輪を買う余裕はない。

By any chance, are you a merry drinker?

ひょっとして、君は笑い上戸かい？

・merry [happy] drinker（笑い上戸）

by any chance（ひょっとして）

by any chance は、控えめにものを尋ねるときに使われ、「もしかして（…でしょうか？）」という、ちょっと遠慮がちに聞くときのクッションのような役目をします。

① **By any chance, are you Mr. Green?**
ひょっとして、グリーンさんではありませんか？

② **By any chance, are you a stranger here?**
もしかして、このあたりは初めてですか？

③ **By any chance, do you live near here?**
ひょっとして、この近くにお住まいですか？

④ **By any chance, is this coupon still good?**
もしかして、この割引券、まだ使える？

⑤ **Do you know anything about her by any chance?**
もしかして、彼女について何かご存知ですか？

 さらに応用 ステップアップ

By any chance, is she mad at me?
・mad（（かんかんに）怒って）
ひょっとして、彼女は僕のこと、怒っているの？

By any chance, do you know his cell phone number?
ひょっとして、彼の携帯電話の番号を知ってる？

By any chance, have you seen her face without make-up?
もしかして、スッピンの彼女を見たことある？

・by any chance は「ひょっとしたら、もしかして」で、この意味が加わることによって、控えめな聞き方ができるという利点があります。置く位置は、文頭でも、文末でも OK。

・次のように、文中に置かれることもあります。
　Are you by any chance Ai Oka? (ひょっとして、あなたは岡愛さんですか？)

お役立ちレシピ

He'll probably win. (彼はたぶん勝つだろう。)「たぶん」は、probably が 7～8 割の確率。maybe と perhaps は 5 割以下の確率で、「たぶん」よりも「もしかしたら、…かもしれない」の意味に近くなるので、確信度が高いときには probably を用いること。

---

① 確信が持てない場面では、この「ひょっとして、」が大活躍します。こう言っておけば、もしも人違いでも大丈夫。

② stranger〈ストレインジャー〉は、「よそから (初めて) 来た人」。自分のことなら、I'm a stranger here. (この辺は初めてです。) と言います。

③「ひょっとして」という、ちょっと遠慮がちな聞き方に、「よくお見かけするので…」というニュアンスが含まれています。

④ be still good で「まだ有効である」。good に「有効な」の意味があるのです。coupon (クーポン券)

⑤ こういう聞き方は、日本語でもします。「もしご存知でしたら、教えてください」というところ。このように、by any chance は文末でも OK。

By any chance,
are you a stranger here?
もしかして、
このあたりは初めてですか？

You don't like carrots, right? ↗

君は人参がきらいだったね？

〜 , right? (〜ですね？)

会話では、話す側の言い方や、聞き手の勘違いなどが原因で、様々な誤解が生じます。そこで活躍するのが、この「〜, right？」です。後ろを上げ調子で発音します。

① **Mr. Harris can come here on time today, right ?**
　ハリス氏は今日、時間通りに来れるよね？

② **This supermarket is open 24/7, right?**
　このスーパーマーケットは 24 時間年中無休ですね？

③ **This beverage is alcohol-free, right ?**
　この飲み物はノンアルコールですね？

④ **This price includes a delivery charge, right ?**
　これは配達料込みですね？

⑤ **This software is free of charge, right ?**
　このソフトは無料ですね？

 さらに応用 ステップアップ

You like chilled Chinese noodles, right?
　冷やし中華がお好きでしたね？

This train stops at every station, right ?
　この列車は各駅に止まるのですね？

Your family are all for this plan, right ?
　君のご家族は全員、この計画に賛成しているのですね？

- …, right?⤴ は、付加疑問文的に用いて、相手の言った内容がこれでよいかどうか、自分の聞き取った情報が間違っていないかの念を押したり、確認したりするときに用います。
- 「〜とおっしゃったのですね？」、「じゃあ、○○だね？」という意味になります。

お役立ちレシピ ─
…, am I right?⤴ も同じ意味で使われます。発音は3語がひっついて「アマイライト」と聞こえます。答える側は、Yes. や Right! などと返します。

① 大切な商談では、一人が遅刻するとみんなが大迷惑を被(こうむ)ります。部下にこう言って、念のための確認をとることは必要です。

② 24/7 は、twenty-four seven と読みます。「24時間週7日で、年中無休で」の意味。OPEN 24/7《店の表示》
　▶ Open 24 Hours や、ALWAYS OPEN も同意。

③ beverage〈ベバリジ〉(飲料) -free は「…抜きの、…のない、無料の」の意味。caffeine-free (カフェイン抜きの)、salt-free (塩を加えない)、duty-free (免税の)

④ include〈インクルード〉(…を含む)。This price includes tax. なら、「この値段は税込みです」。配達[送]料は、a delivery charge[fee/cost]。

⑤ free of charge は「無料で」という意味。日本と違って、海外ではサービス(無料)という概念があまりありません。しつこいくらいに確認を。

This supermarket is open 24/7, right?
このスーパーマーケットは
24時間年中無休ですね？

Go ahead and drink tea.
どうぞお茶をお飲みください。

Go ahead and ＋動詞の原形～.
（どうぞ～してください。）

Go ahead and を付けると、「どうぞご遠慮なく～してください」という、話し手の好意が感じられる文になります。Please ～ . よりも丁寧な言い方です。

① **Go ahead and have a seat.**
どうぞお座りください。

② **Go ahead and use this.**
どうぞこれをお使いください。

③ **Go right ahead and ask me.**
さあ（遠慮せずに）どんどん私に聞いてください。

④ **Please go ahead and eat first.**
どうぞお先に召し上がってください。

⑤ **After you.**
お先にどうぞ。

さらに応用 ステップアップ

Please go ahead and hold the diamond ring.
どうぞそのダイヤモンドの指輪をお手に取ってください。

Go ahead and do as you please.
どうぞお好きなようにしてください。

"May I use this pocket calculator?" "Go ahead."
「この電卓を使っていいですか？」「ええどうぞ」

・私たちは、相手に勧めて「(どうぞ)〜してください」と言うとき、Please sit down. のように、「Please ＋動詞〜」をよく使いますが、この言い方はどうしても相手にきつく響く傾向があります。そこで、次がオススメです。

・Go ahead and ＋動詞〜（どうぞ〜してください）は、「遠慮しないでどうぞ」という意味で、「Please＋動詞」よりも丁寧度が高く、目上の人にも、仕事上でも使うことができます。

お役立ちレシピ
「〜していいですか？」と聞かれた時、Sure. Go ahead.（ええ、どうぞ。）のように、Go ahead を付けると、「どうぞご遠慮なく」という好意が出ます。

① このように and のあとに動詞の原形をつなげます。この言い方をぜひ覚えておいてください。Please sit down. よりはるかに丁寧な言い方です。

② ティッシュペーパーを差し出したり、筆記具を手渡したり…、色々な場面で。「これをご使用ください」というときに。

③ ahead は「前方へ」の意味なので、「どんどん」となるわけです。また、right（まっすぐに、直接に）が加わると、意味を強調します。

④ Please が付くと、さらに丁寧になります。この go ahead のもとの意味は「お先にどうぞ」で、相手に行為や話を促すことばです。

⑤ After you.（お先にどうぞ）は Go ahead. と同意で、人に順番を譲るときの定番表現。「私はあなたのあとから」の意味から。

Please go ahead
and eat first.
どうぞお先に
召し上がってください。

Between you and me, I'm in love with Naoki.

ないしょだけど、私、直樹のことが好きなの。

between you and me（ここだけの話だが、）

between you and me は「内緒だけれども、ここだけの話だが」の意味で、他の人に漏らさず、あなたと私だけの秘密よ、というニュアンスがあります。

① **Between you and me, she is a sumo lover.**

ここだけの話だけど、彼女は相撲好きだ。

② **Between you and me, I met him on a singles' party.**

ここだけの話なんだけど、彼とは合コンで知り合ったの。

③ **Between you and me, I'm going to quit my current work soon.**

内緒の話だが、僕は近々、今の仕事を辞める予定なんだ。

④ **Just between you and me, he is a liar.**

内緒の話だが、彼は嘘つきだ。

⑤ **Between ourselves, our president seems to wear a wig.**

ここだけの話やけど、ウチの社長、カツラらしいで。〈大阪弁〉

さらに応用 ステップアップ

Between you and me, Haruka has a very poor sense of direction.

ここだけの話なんだけど、春香はすっごい方向オンチなの。

Between you and me, Takeshi doesn't seem to be my type.

ここだけの話だけど、武はタイプじゃないかも。

This is a secret between you and me.

これは、あなたと私だけの秘密よ。

- between you and me（ここだけの話）は、内密な話をするときに用いる表現です。「あなたと私の間［2 人だけ］」での内緒の話ということ。
- between you and me の代わりに between ourselves の形もあります。この場合、ourselves（私たち）なので、話者を含めて 3 人以上いる場合でも使うことができます。

お役立ちレシピ
This is still a secret, but…「これはまだ内緒だけど…」という言い方もあります。「…」のところには、文をつなげられます。

① 女性の相撲ファンを「相撲女子」と呼ぶことも。有給をとって、相撲の巡業を追っかける人もいるそうです。

②「合コン」は、a group blind date, a matchmaking party などとも言えます。blind date とは「（仲介者の紹介による）互いに面識のない男女のデート」のこと。

③ これを聞いた同僚はさぞかし驚くことでしょう。
quit〈クイット〉（（仕事・職など）を辞める）
current〈カレント〉（現在の = present）

④ このように just と一緒に使うこともあります。
liar〈ライアー〉（嘘つき）。ちなみに、You're a liar! は大変な侮辱になるので、ご注意を。

⑤ 社長も大変ですね。こんなヒソヒソ話をしてないで、もっと仕事に精を出しなさい、と言いたいところでしょう。

Between you and me,
she is a sumo lover.
ここだけの話だけど、
彼女は相撲好きだ。

How come he's not coming with us? ····

どうして彼は私たちと一緒に来ないの？

How come S + V ～ ?（どうして～なのか？）

How come（どうして［なぜ］～なのか？）は、驚きや不思議さを表します。
Why と違って、後は平叙文の語順（S + V）になるのがポイントです。

・・・・・・・・・・・・・・・・・・・・・・・・・・・・・・・・・・

① **How come you haven't kissed me recently?** ····
どうして最近キスしてくれないの？ 《子どもが親に》

② **How come you didn't call me yesterday?** ····
どうして昨日、電話をくれなかったのよ？

③ **How come he turned down your proposal?** ····
なぜ彼は君の提案を断ったのだろう？

④ **How come you had a big fight with your father?** ····
どうしてお父さんと大げんかをしたの？

⑤ **"I quit my job the other day." "How come?"** ····
「この間、仕事を辞めたんだ」「どうして？」

・・・・・・・・・・・・・・・・・・・・・・・・・・・・・・・・・・

さらに応用 ステップアップ

How come you didn't say anything?
どうして何も言わなかったのですか？

"Koji is moving to Morioka." "What? How come?"
「弘二、盛岡に引っ越すんだって」「え？一体どうして？」

"How come you missed the train?" "I was caught in a traffic jam."
「どうして列車に乗り遅れたの？」「渋滞に巻き込まれたんだ」

・How come 〜? は、「どうしてそういうことになる[なった]のか?」という、理由を尋ねる時に使われる口語表現です。
・How does/did it come about (that) 〜? の省略形です。
・後は普通の文の語順(S＋V)になるので使いやすく、会話でよく用いられます。▶ How come には、想定していたこととは違った場合の「え、なんで?」という驚きのニュアンスが含まれます。

お役立ちレシピ
How come you missed lunch? (どうして昼食を食べ損なったの?) のように、後続の文が過去形でも come は時制の影響を受けません。

① 「おやすみのキス」なら、me のあとに good night を加えます。「最近、キスしていない」を現在完了形の haven't kissed で表しています。

② このように、How come のあとには普通の英文を続けられるので、言いやすいし、便利でしょう。

③ turn down は「…を断る、拒否する」。提案をはねつけるときに「却下する」と言うでしょう。down はそのイメージです。

④ have a fight with は「…とけんかをする」。この fight は「激しい口論」の意味です。big が付いているので、「大げんか」となります。

⑤ このように、How come? は単独で使うこともできます。the other day は、「先日、つい最近」という意味。

How come you had a big fight
with your father?
どうしてお父さんと
大げんかをしたの?

That's why everyone likes him.

そういうわけで、みんなは彼のことが好きなんです。

That's why 〜 .（そういうわけで〜）

That is why 〜 . は、「それが〜する理由です」、「そういうわけで〜です」の意味になります。This is why 〜なら、「こういうわけで〜」となります。

① **My mom is sick. That's why I can't go today.**
母の具合が悪いんです。そういう訳で、私は今日、行けません。

② **Hiroshi is dishonest. This is why I hate him.**
弘は不正直だ。こういうわけで、僕は彼が大嫌いなのです。

③ **I have a cold. That's why I can't talk loudly.**
風邪をひいています。そのせいで大きな声で話せないのです。

④ **"Why can't we eat out tonight?" "I'm exhausted. That's why."**
「どうして今夜は外食できないの？」「疲労困憊だ。だからだよ」

⑤ **Oh, that's why!**
ああ、そういうことか！

 さらに応用 ステップアップ

"You heard the news?" "That's why I came."
「知らせを聞きましたね？」「それで来たんですよ」

He is a sloppy worker. That's why I dislike him. ・sloppy(ぞんざいな)
彼は杜撰な仕事をする。それで僕は彼が嫌いなんだ。

She won't apologize. That's why I'm angry with her.
彼女は謝ろうとしない。それで私は彼女に対して怒ってるんだ。

- That's why S + V 〜. (そういうわけで〜です。) は、理由を述べた文のあとに来ます。この why は関係副詞で、「それが〜する理由です」が直訳になります。
- That's why の後は普通の文の語順(S + V)になります。
- 会話では、④、⑤のように That's why. が単独で用いられることもあります。

お役立ちレシピ
This[That] is how S + V 〜. (この［その］ようにして〜。)は方法を伝えます。
This is how I brushed up my English. (このようにして、私は英語をやり直しました。)

① このように、事情や理由を先に伝えてから、That's why を使います。

② This is why（こういうわけで）は、For this reason と同意。dishonest〈ディサニスト〉は「不正直な、不誠実な」、hate〈ヘイト〉は「…をひどく嫌う」という意味。

③ 最初にこう言って事情を伝えておけば、相手に余計な心配をかけなくてすみますね。▶「風邪薬」は、cold medicine [remedy]。

④ That's why. だけでも使えます。「だからさ」「そういうことなんだ」の意味になります。exhausted〈イグゾースティド〉（疲れ果てた、へとへとの）

⑤ 疑問に思うことに対して、相手の説明を聞いて理由がわかって納得したときに言う、「ああ、それで！/ だからか！」です。

I have a cold.
That's why I can't talk loudly.
風邪をひいています。
そのせいで、大きな声で話せないのです。

I think you're right.

あなたの言うとおりだと思います。

I think 〜 .（〜だと思う。）

I think 〜（〜と私は思う）を付け加えると、文意が柔らかくなるので、オススメです。また、I think は、文の最後や、途中に入れることもできます。

① **I think this will do.**
これで間に合うと思います。

② **I think you should ask her.**
彼女に頼むといいと思います。

③ **I think that convenience store has an ATM.**
あのコンビニには ATM があると思いますよ。

④ **I don't think we've met.**
お会いするの、初めてですね。

⑤ **I guess free Wi-Fi is available in some coffee shops.**
一部の喫茶店で無料 Wi-Fi が使えると思いますよ。

 さらに応用 ステップアップ

I think so, too.
僕もそう思うよ。

I think I left my stuff in the coffee shop.　　・stuff〈スタフ〉(持ち物)
喫茶店に忘れ物をしてしまったようなのですが。

Those glasses are, I think, a bit old-fashioned.
そのメガネは、少し古くさいと思うよ。　　・glasses(眼鏡)

・I think(that)の後には、英文をそのまま連結することができます。アメリカ口語の guess も同じように使えます。（⑤参照。）

・・・・・・
・見出し文の逆は、「あなたは間違っていると思います」ですが、誤りの指摘や反対意見、断わりなどの否定的な内容を相手に伝える場合には、I'm afraid を用います。（文型 67 を参照）

お役立ちレシピ

自信があって「…だと思う」というときには、believe を用います。
I believe (that) he'll succeed. （彼はきっと成功すると思う。）

・・・・・・ ① will do で「間に合う、用が足りる」の意味。That will do. なら、「それで結構です」。否定は That won't do. (それじゃ駄目だ。) となります。

・・・・・・ ② I think you should ～((あなたは)～するといいと思います)は、「私はこう思うのだが」という控えめな感じを与えます。

・・・・・・ ③ I think は、「どうやら…のようだ」の意味でも使えます。ATM は略語で、automated teller machine（現金自動支払機）《米》のことです。▶英国では、cash dispenser［machine］。

・・・・・・ ④ 初対面の人に「お会いしたことはないですよね」と言うときの定番表現。「私は…ではないと思う」と言う場合、英語では普通、I don't think …の形を用います。

・・・・・・ ⑤ guess〈ゲス〉は、think と同じく、「…と思う」の意味でも使われます。この free は「無料の」、available は「利用できる」の意味です。

I think this will do.
これで間に合うと思います。

I'm sure he'll come on time.

彼はきっと時間どおりに来るよ。

I'm sure 〜 . （きっと〜と思う。）

sure〈シュア〉は「（人が）確信している」の意味で、話し手の主観的な確信を表します。I'm sure 〜なら、「（私は）きっと〜だと思う」です。

① **I'm sure you'll do a good job.**
大丈夫、君ならうまくやれるよ。

② **I'm sure we'll see each other again.**
またお互いにきっと会えると思います。

③ **I'm not sure whether he's coming tonight.**
彼が今夜、来るかどうかはよくわかりません。

④ **Are you quite sure?**
間違いないだろうね？

⑤ **"Are you sure the station is this way?" "Yes, I'm positive."**
「本当に駅はこっちでいいの？」「うん、間違いないよ」

 さらに応用 ステップアップ

I'm sure he will make her a good husband.
　きっと彼は彼女にとって良い夫になるだろうね。

I'm not sure how.
　どうやったらいいのか、わからない。《使い方や作り方など》

I'm sure the goods will sell like hot cakes.
　その商品はきっと飛ぶように売れますよ。

・sell like hot cakes（飛ぶように売れる）

- ・「この新商品はきっと売れるぞ」「社長、この新規プロジェクトはきっと大成功しますよ」などの「きっと〜と思う」は、英語では I'm sure S+V 〜 . で表します。単なる I think よりも、確信や自信を持って「こう思う」という言い方です。
- ・She loves me, I'm sure. のように、後ろに置いても OK。自信がないときには、I'm not sure.（ちょっとわからないわ。）と言います。

お役立ちレシピ

sure よりも客観的な事実に基づいた確信を意味するときは、certain を用います。
I'm certain she will succeed.（私は彼女がきっと成功すると確信している。）

① 仕事や頼まれ事などでちょっと心配そうな相手にこう言うと、喜ばれます。I'm sure you'll do well. も同意。

②「会えると確信しています」という意味。sure ということばを使うと、力強い響きを与えます。

③ I'm not sure whether 〜 .（私は〜かどうか自信がない。）は、確信のないときに使います。whether は「〜かどうか」。

④「ホントに本当？　上手くいくだろうね？」と相手に念を押す表現です。こう聞かれたら、「私、失敗しないので」とお答えください。このセリフ、どこかで聞いたような…。

⑤ Are you sure S+V 〜 ?（本当に〜なの？）は、相手に確認をする表現。返答の positive は「自信がある」で、sure よりも強い確信を表します。

I'm sure you'll do a good job.
大丈夫、君ならうまくやれるよ。

I hope you'll like this.

これ、気に入ってもらえるといいんだけど。

I hope 〜 . （〜だとよいと思う。）

相手に何かを望むときに I hope から始めると、柔らかい言い方になります。
さらに、I'm hoping と進行形にすると、もっとソフトな表現になります。

① **I hope I see you again.**

（ぜひ）また、お会いしましょう。

② **I hope I'm not disturbing you.**

おじゃまでなければよいのですが。

③ **I'm hoping you'll give me some advice.**

ご助言をいただければ、嬉しいのですが。

④ **I hope so.**

そうだといいですね。

⑤ **I hope not.**

そうじゃないといいですね。

さらに応用 ステップアップ

I hope you will excuse me.

　許してくださるわね。

I hope you enjoy the rest of your stay in Tokyo.

　東京での残りの滞在を楽しんでくださいね。《旅行者に》

I hope you'll get on well with your mother-in-law.

　姑さんとうまくやってね。　・-in-law（義理の）
　　しゅうとめ

- ・「思う」にも色々な種類があります。think は、そのことばどおりの、無色透明の「思う、考える」ですが、何でもかんでも I think ～では芸がなさすぎます。
- ・I hope S+V ～ . はもともと、「私は～を希望する」なので、望ましいことについて「～と思う」というときに用います。

お役立ちレシピ

hopefully（うまくいけば、願わくば）は、その綴りからわかるように、hope（希望）からきた語です。
Hopefully, we'll be in time.（うまくいけば、間に合うだろう。）

---

① 来客を迎えた側からは、「ぜひまた来てね」の意味にもなります。挨拶の See you again.（またね。）に I hope が付いて「ぜひ」となります。

② 人を訪ねたときや、電話をかけたときなどの表現です。こう言えば、Not at all.（いいえ、ちっとも。）と応じてくれますよ。disturb〈ディスターブ〉（～のじゃまをする）

③ 普通、hope は進行形にはならないのですが、このように相手に丁重さを表すときには I'm hoping ～ とします。

④「明日は晴れでしょうか？」「彼は試合に勝つだろうか？」などに対して、「私はそのように希望します」の意味です。

⑤「明日は雨でしょうか？」「税金がまた上がるそうだね」などに対して。► I don't hope ～ だと、「私は希望しません」となってしまいます。

I hope I see you again.
また、お会いしましょう。

I'm afraid it will rain tomorrow.

どうやら明日は雨のようです。

I'm afraid 〜 .（（残念ながら）〜と思う。）

I'm afraid から始めると、相手に対して言いにくいことや、否定的な内容を和らげる効果があるので、会話の中で適時、ご使用ください。オススメですよ。

・・・

① **I'm afraid that seat's taken.**

その席はふさがっていると思いますよ。

② **I'm afraid I have to go home early today.**

すみませんが、今日は早めに帰らないといけないんです。

③ **I'm afraid I drank too much. I feel really sick.**

飲み過ぎたようです。すごく気持ち悪い。

④ **I'm afraid so.**

残念ながら、そのようです。

⑤ **I'm afraid not.**

残念ながら、そうではないようです。

・・・

 さらに応用 ステップアップ

I'm afraid he is still waiting for me at the exit.

あの人、出口のところでまだ私を待っていそうだわ。《女性の言葉》

I'm afraid the Internet connection is so slow here.

ここのインターネット接続はずいぶん遅いようですね。

I'm afraid you have the wrong number.

電話番号をお間違えのようですが。《電話で》

・I'm afraid (that) S + V 〜 ((残念ながら)〜と思う) は、好ましくないことを言ったり、遠慮がちに話したりする場合に使います。

・I'm afraid so. や、I'm afraid not. を使えるようになると、会話の幅がぐっと広がります。相手の言った英文を繰り返さなくても、so (そのように) や、not (そうではない) だけで内容が伝わるので、まさに英会話向きといえます。

> お役立ちレシピ
> 1 語では、Unfortunately (残念ながら)が、I'm afraid (that)〜と近い意味になります。
> Unfortunately, I can't come with you. (残念だけど、君と一緒に行けないんだ。)　　　↳ go も OK。

① Is this seat taken?(この席はふさがっていますか？)と、返答の No, it's not. / No, it isn't.(いいえ、空いていますよ。)といった表現も覚えておきましょう。/ seat's は seat is の短縮形。

② 「申し訳ありませんが…」の意味合いを I'm afraid が表しています。改まったシチュエーションでも使えるのでオススメです。

③ I'm afraid が、「しまった、飲み過ぎたようだ…」という心の内を表していますね。sick は、特に「吐き気がする」の意味。

④「彼、本当に病気なの？」「どうやら、そのようなんですよ」と相手の発言どおり、よくない内容だと思う、という場合に用います。

⑤「パーティに来られるかい？」「あいにくだめなんですよ」というような場合にも使えます。▶ I'm not afraid. とすると、「私は怖くない」の意味になってしまいます。

I'm afraid that seat's taken.
その席はふさがっていると思いますよ。

I'm terribly sorry.

本当にごめんなさい。

I'm sorry 〜 .

（〜してすみません / 残念ながら〜です。）

I'm sorry は相手の依頼を丁寧に断るとき（③）に使います。親しい間以外では、I'm を省略すると、失礼な響きになることがあるので、注意してください。

① **I'm sorry, I'm just passing through.**

すみません、通りすがりなんです。

② **I'm sorry to have kept you waiting so long.**

長いことお待たせしてすみません。

③ **"Can you come again tomorrow?" "I'm sorry, I can't."**

「明日もう一度、来られますか？」「悪いけど、だめなんだ」

④ **I'm sorry to hear that.**

それはお気の毒に。

⑤ **Sorry? I couldn't hear you.**

何とおっしゃいましたか？ 聞こえませんでした。

さらに応用 ステップアップ

I'm sorry for my late reply.

返信が遅くなってごめんなさい。

I'm sorry to have troubled you.

ご面倒をおかけしてすみませんでした。

Sorry to bother you, but can I talk with you for a minute?

恐縮ですが、少々お話ししてもよろしいでしょうか？

- I'm sorry.（すみません。）は、人に謝るときに使います。見出し文のように terribly〈テリブリ〉が付くと、「本当にすみません」の意味になります。日本語の軽いお礼の意味での「すみません」は、英語では Thank you. です。
- 「すみません」と相手に言われたときは、「いいんですよ」の意味の That's O.K. / That's all right. や、No problem.（問題ないですよ。）などで返します。

お役立ちレシピ

人に道をあけてもらったときや、うっかり人にぶつかったときの「すみません」は、I'm sorry. ではなく、Excuse me. が普通です。

① 道を聞かれたときに I don't know. だけでは、不親切。せめて「通りすがりなもので、すみません（わかりません）」と言いましょう。

② 相手を待たせたときのお詫びの定番表現です。あなたを待たせてしまったので to have kept と完了形になっています。

③ I'm sorry, I'm booked up this week.（ゴメン、今週は予定で詰まっているんだ。）と理由を言うのもグッド。
be booked up（（人が）予定で一杯である）

④ 相手が病気や事故、災難などにあったときにこう言います。「それは残念です」という意味。That's too bad. も同じ意味です。

⑤ Sorry?↗は主に英国で、Pardon?↗はアメリカで聞き返しに用います。語尾を上げて発音。「すみませんが、もう一度言ってください」の意味。

Sorry?
I couldn't hear you.
何とおっしゃいましたか？
聞こえませんでした。

I hear she is expecting a baby soon.

彼女はまもなく出産予定だそうだ。 ・be expecting a baby（出産予定である）

I hear(that)〜 .（（うわさでは）〜だそうだ。）

I hear 〜 . は「〜とうわさに聞いている」の意味で、人から
伝え聞いたことを表す文です。I hear の後には、文をそのまま
連結することができます。

① **I hear he is crazy about Nanako.**
彼は菜々子にゾッコンだそうだ。

② **I hear Taichi was dumped by Ms. Aramaki.**
太一は荒牧さんにフラれたそうやで。〈大阪弁〉

③ **I hear Mai is going out with the chief of our section.**
舞はうちの課長と付き合っているらしい。

④ **I heard she's seriously considering divorcing her husband.**
彼女は夫との離婚を真剣に考えていると聞いたよ。

⑤ **I've heard Chika just broke up with her boyfriend.**
千花は、彼と別れたばかりだそうだ。

 さらに応用 ステップアップ

I hear her aunt is a fortune-teller.
彼女のおばは占い師だと聞いています。

I hear Mari's boyfriend disappeared in the confusion. ・confusion（混乱）
真里の彼氏はどさくさに紛れて姿をくらましたそうだ。

I've heard a powerful typhoon is approaching Japan.
強い台風が日本に接近しているらしい。

- I hear (that) S + V 〜. は、「〜といううわさを聞いている、〜だそうだ」という意味で、後ろの文を連結する役目の that はよく省略されます。
- They [People] say (that) S+V 〜. / It is said (that) S+V 〜. (〜だと言われている。)も、ほぼ近い意味です。

お役立ちレシピ
I heard 〜 (〜だと聞いたよ、〜らしいね)/ I've heard 〜 (〜だと聞いた(ことがある))や、Somebody told me (that) S+V 〜. (文型77 に登場)も同じような意味で用いられます。

① この crazy は「夢中で」の意味です。彼が気が狂っているわけではありません。He is crazy about golf. (彼はゴルフに夢中だ。) / Yui is saving-crazy. (結衣(ゆい)は節約マニアだ。)

② dump〈ダンプ〉((恋人)をふる) was dumped (フラれた)の形を受動態(受け身)と言います。「be 動詞+過去分詞」が、受動態の公式です。

③「えっ!? うちの課長って、確か、既婚者のはず。ということは…」他人の詮索(せんさく)はやめましょう。go out with…((異性)と付き合う)

④ divorce は「…と離婚する」の意味。ちなみに、バツイチは divorced、バツ2 は twice-divorced と申します。

⑤ きっとまた新しい出会いがあります。心機一転、頑張って! break up with…((恋人など)と別れる)

I hear her aunt is a fortune-teller.
彼女のおばは占い師(うらないし)だと聞いています。

The trouble is, I can't reach her by cellphone.

・reach… (…と連絡を取る) ✗

困ったことに、彼女のケータイにつながらないんだ。

The trouble is, 〜 .（困ったことに、〜である。）

The trouble is, 〜 . は、「〜」のところに、「困っている内容」がきます。
とても使いやすいので、会話にもよく用いられています。

① **The trouble is, I can't get in touch with him.**
困ったことに、彼と連絡がつかないんだ。

② **The trouble is, Ms. Kubo is on maternity leave.**
困ったことに、久保さんは産休中だ。

③ **The trouble is, I'm swamped with work every day.**
困ったことに、毎日仕事に追われているんだ。

④ **Trouble is, I get a call from my ex-boyfriend very often.**
困ったことに、元カレがしょっちゅう、電話をかけてくるのよ。

⑤ **The trouble with him is that he never listens to anybody.**
彼の欠点は、人の話を聞かないことだ。

さらに応用 ステップアップ

The trouble is, she's suddenly rejecting my calls.
困ったことに、突然、彼女が着信拒否してきたんだ。

The trouble is, I have no time to put together a report.
困ったことに、報告書をまとめる時間がない。

The trouble is, we will run out of money in three months.
困ったことに、あと3ヶ月で資金が底をつきそうだ。

・「困ったことに、林君がまだ来ないんだ」「困ったことに、電車が遅れている」「困ったことに、書類を家に忘れてきてしまった」など、私たちの身の回りには 困る事がいっぱいあります。これを英語では trouble を使って表現します。

・(The)trouble is, 〜 . / The trouble is that 〜 . の直訳は、「困ることは〜ということである」ですが、「困ったことに、〜」とするほうがわかりやすくなります。

お役立ちレシピ

The problem is, / The problem is(that)S+V 〜.(問題は〜ということである。)もあります。The problem is, we're short of money. (問題は資金不足であることだ。)

① get in touch with 〜 は、「〜と連絡を取る」という意味。touch は「接触」の意味なので、ここから「連絡」にもつながるわけです。

② maternity leave（産休）。発音の〈マターニティ〉は、よく耳にしますね。leave に「休暇」の意味あり。childcare leave なら、「育休」になります。

③ be swamped with 〜（〜に忙殺されている）
swamped の発音は〈スワンプトゥ〉。

④ これは迷惑ですね。ex-boyfriend（元彼）。ex-〈エクス〉は「前の、かつての」の意味。「元カノ」なら ex-girlfriend です。

⑤ こういう人、困ったものです。The trouble with him is 〜（彼に関して困ったことは〜）が、もとの訳。

Trouble is, I get a call from
my ex-boyfriend very often.
困ったことに、元カレが
しょっちゅう、電話をかけてくるのよ。

You mean I can't park here? ↗

ここに駐車してはいけないということですか？

You mean 〜？ （〜ということですか？）

You mean 〜？↗ / Do you mean 〜？↗ は、
「（つまり）…という意味ですか？」で、相手の言ったことばの
内容を確認するために用います。後ろを上げ調子で発音します。

① **You mean this is a free parking area?**
ここは無料駐車区域ですよね？

② **You mean it's a fifteen-minute drive from here?**
ここから車で15分ということですね？

③ **You mean it's in that direction?**
あっちの方角だと、おっしゃっているのですね？

④ **You mean this is a through train to Kansas?**
この列車はカンザス行きの直行ということですね？

⑤ **"Cut it out over there!" "Do you mean me?"**
「そこ、うるさいぞ！」「僕のことですか？」

さらに応用 ステップアップ

You mean you want me to call you?
　私の方から、あなたに電話してほしいという意味ですか？
You've decided to quit your job, you mean?
　仕事を辞める決心をしたということですか？
"Could you support me?" "Mentally, you mean?"
　「私を支えてくださいませんか？」「精神的にという意味ですか？」

- You mean 〜 ?↗ / Do you mean 〜 ?↗（〜という意味ですか?、〜のことを言っているのですか?）は、相手の言った内容や、真意を確認するときに使います。You mean のあとに、聞き返す内容を復唱するように入れて使うのが、ポイントです。
  You mean I can go now?（もう行っていいということですね?）
- You mean は、文頭だけでなく、文末でも用いることができます。

お役立ちレシピ

「ここから歩いてすぐです」は、It's a short walk from here. と言います。この walk は、名詞で「歩行距離」の意味。（②を参照）

① この free は「無料の」の意味。ちょっと駐めただけで、罰金を取られちゃ、かないませんからね。こう言って確認するのです。

② a fifteen-minute drive（15分のドライブ）。この drive は「車で行く道のり」の意味。「空港まで」なら、to the airport を後ろに付けます。

③ 慣れない土地だと、不安になるものです。It's that way?↗（あっちですね?）と手で方向を示しながら確認するのもよいでしょう。

④ a through train（直通列車）この through は、「(列車などが)直通の」の意味。▶「…行き」の言い方は、to+目的地、または for+目的地のどちらでも OK。

⑤「えっ、私のこと?」というときには、Me? の1語だけよりも、mean を使って(Do)you mean me?↗ と言うほうがベターです。
cut…out（…をやめる = stop）Cut it out!（やめろ!）

You mean this is a free parking area?
ここは無料駐車区域ですよね?

Mighty happy to meet you!

お会いできて、とっても嬉しいです！ ・I'm が省略されています。

mighty（とても、非常に、うんと、すごく）

mighty〈マイティ〉はアメリカの口語で、very や really と同じく、意味を強める働きをします。

---

① **(I'm) mighty happy to see you again.**

また会えて、とっても嬉しいです。

② **(It was) mighty nice meeting you.**

《別れ際に》知り合えて、とっても嬉しかったです。

③ **(It's been) mighty nice talking to you.**

《別れ際に》お話しできて、とってもよかったです。

④ **I was mighty tired yesterday.**

私は昨日、ものすごく疲れていたんだ。

⑤ **Look! She wears mighty heavy make-up.**

見て！　彼女、すっごい厚化粧よ。

 さらに応用 ステップアップ

I had a mighty hard time finding your house.

君の家を見つけるのにメッチャ苦労したよ。

You are mighty lucky to marry a woman like her.

彼女のような女性と結婚するとは、君は本当に運がいいよ。

We've been having mighty good weather recently.

このところ、すっごくお天気がいい。

- mighty（とても）は、そのあとに来ることばの意味を強める役目をします。食事会や招かれた先での帰り際に I had a great time.（楽しかったです。）と言いますが、これに mighty が加わると、「この上なく素晴らしかった」という感謝の気持ちが目一杯出ます。

　Thank you very much tonight. I had a mighty great time.（今夜はありがとうございました。すごく楽しかったよ。）

お役立ちレシピ

I'm sorry it took mighty long.（こんなに時間がかかってごめんなさい。）という文では、申し訳なさを強調しています。

---

① (It's) mighty nice to see you again. とも言えます。知人なら see を、初対面のときは、見出し文のように meet を使うのがコツです。

② このように〜ing 形を使うと、「〜できて…だった」という内容を表せます。2度目以降なら meeting を seeing に。It was（＝It's / It's been）は省略 OK。

③ こう言われたら、同じ文に too（〜も）をつけて返しますが、「こちらの方こそ」という気持ちを伝えるために、you too を少し強めて言うとよいでしょう。

④ この mighty は、日本語の「メッチャ」に当たります。他には、terribly や awfully も使えます。

⑤「厚化粧である」は、wear heavy make-up ですが、これとは逆に「スッピンである」なら、wear no make-up となります。

(I'm) mighty happy to see you again.
また会えて、とっても嬉しいです。

image of two people embracing

I habitually have a big breakfast.

私はいつも、朝食をたっぷり食べます。

habitually（習慣的に、いつも）

habitually〈ハビチュアリ〉は、habit（習慣）からできた言葉で、「常習的に、いつも（のように）」という意味です。constantly も近い意味になります。

① **He is habitually late for work.**

彼はいつも仕事に遅れる。（困ったものだ）

② **Mac and Rika are constantly arguing over small things.**

マックとリカはいつもつまらないことでケンカをしている。

③ **It's horribly cold, isn't it?**

ひどく寒いですね。

④ **I carelessly forgot to lock the front door.**

うっかりして玄関にカギを掛けるのを忘れてしまいました。

⑤ **You're working tremendously hard, aren't you?**

君はものすごく頑張って働いているね。

さらに応用 ステップアップ

I didn't know her, but she was extremely nice to me.

彼女のことは知らなかったが、私にすごくよくしてくれました。

I was tremendously impressed by your fluency in Japanese.

あなたの日本語の流暢さには、ものすごく感銘を受けました。

Yuri occasionally buy a bottle of coffee at a convenience store.

ユリは、たまにコンビニでペットボトルのコーヒーを買う。

- habitually（習慣的に、いつも（のように））や、constantly（絶えず、頻繁に）などの副詞を効果的に使うと、文の意味がきりりとなって会話が引き立ちます。
- sometimes（時々、時には）と近い意味になるものに occasionally〈オケイジョナリ〉があります。他には、(every)now and then, once in a while, from time to time, at times なども「時々」の意味を表します。

お役立ちレシピ

occasionally（時折、たまに）は、頻度的にはsometimes より少し低くなります。（前ページの最終文を参照）▶ only が付くと、only occasionally（ごく時たま）の意味になります。

① 遅刻癖のある人のことを話すとき、habitually や always を入れると、常習的行為を表し、こちらの腹立たしい気持ちも出るでしょう。

② constantly〈コンスタントリ〉は「いつも、絶えず」の意味。ホントに相性の悪い２人っていますよね。argue〈アーギュー〉（口論する）

③ horribly は「ひどく」の意味で、ホラー映画の horror（恐怖）からきています。恐ろしいくらい寒い、というようなときに使います。発音は〈ホリブリィ〉。

④ 「うっかりして」は、carelessly〈ケアレスリィ〉（不注意に）で表します。front〈フラント〉の発音に注意！「フロント」ではありません。

⑤ tremendously〈トリメンダスリィ〉は、口語で「ものすごく、すばらしく」の意味です。very よりも強く、「とてつもなく」を表します。

He is habitually late for work.
彼はいつも仕事に遅れる。

I will love you forever.

私は絶対、君を永遠に愛します。・will を強めて発音します。

I will＋動詞の原形〜.（私は絶対に〜する。）

短縮形の I'll にせずに、I と willに分けてwillを強めに発音すると、「絶対［必ず］そうするからね」という強い意志を表すことができます。

① **I will lose ten kilos on a diet!**
　絶対、ダイエットで10キロ痩せてやる！

② **I will miss you.**
　あなたがいなくなると、絶対に寂しくなるわ。

③ **I will divorce my worthless husband!**
　絶対、ろくでなしの夫と離婚してやる！

④ **I will marry him, no matter what you say.**
　あなたが何と言おうと、私は絶対に彼と結婚します。

⑤ **I will not see him any more.**
　もう絶対、彼とは会わない。

 さらに応用 ステップアップ

I will be quiet in the room.
　絶対、部屋で静かにしているから。《子どもの言葉》
I will e-mail you the information.
　その情報を必ずあなたにメールで送りますね。
I will not forget your kindness.
　あなたのご親切は絶対に忘れません。

・日常会話では、I'm / You're / We're / They're / He's / She's / I've / I'll などのように、短縮形が多く使われています。これは日本語の「急がなければならない」→「急がなきゃ」と似たところがあり、手短かに、テンポよく、気軽に言いたいなどの理由からと考えられます。

・短縮形を使わずに I will で will を強く発音すると、「私は絶対〜する」という強調した言い方になります。

お役立ちレシピ

will には、名詞で「意志（力）」の意味もあります。
She has a strong will.（彼女は強い意志を持っている。）

---

① このように、短縮形の I'll ではなく、I will で言うと、「絶対痩せるからね」という並々ならぬ決意と覚悟が表現されます。

② 人と別れるときのことばです。miss…は、「…がいないのを寂しく思う」という意味。miss you は、ひっついて「ミシュー」と聞こえます。

③ worthless〈ワースレス〉は、「役に立たない、価値のない」の意味の形容詞です。「ろくでなし（の）」は、good-for-nothing ともいいます。

④「彼は運動が苦手で内気だけど、優しくて相性が最高だから」などというときにお使いください。

⑤ 否定形の I will not…は、「絶対に…しないぞ」で、日本語の「金輪際…しない」と近い意味になります。

I will miss you.
あなたがいなくなると、
絶対に寂しくなるわ。

I used to do radio exercises.

以前はラジオ体操をやっていました。

used to＋動詞の原形〜 （以前はよく〜した）

used to ＋動詞の原形〜は、「昔はよく〜した（ものだった）」という過去の習慣や、「昔は〜だった」という過去の状態を表します。

① **I used to drive to work.**

以前は車で通勤していました。

② **I used to make an eating tour with my colleagues.**

以前はよく同僚たちと食べ歩きをしたものでした。

③ **I used to buy a lucky bag at the department store.**

昔はよくデパートで福袋を買ったものだった。

④ **"Do you have any pets?" "I used to."**

「何かペットを飼ってるの？」「前はね」

⑤ **That used to be a public bath.**

あそこは、昔は銭湯だったんですよ。

 さらに応用 ステップアップ

I used to meet up with my ex-girlfriend in front of this café.

前は元カノとよくこのカフェの前で待ち合わせをしました。

I used to blow soap bubbles quite often as a child.

私は子供の頃、よくシャボン玉を飛ばしたものでした。

I used to go window-shopping in Shibuya.

前はよく渋谷へウインドーショッピングに行ったものでした。

・「used to ＋動詞の原形～」は、「（今はしていないが）昔[以前]は
よくしていた」ことを伝える表現で、「現在は違う」というところ
に重点があります。
・used to の発音は、2 語がひっついて、「ユーストゥ」のようにな
ります。「ユーズドゥトゥ」ではないので、ご注意を。

お役立ちレシピ
used to は、④のように単独でも使えます。例えば、お酒の話が出て、I used
to. と言えば、「以前は飲んでたけど、今は飲んでいない」ということを表します。

① 「以前は電車通勤でした」なら、I used to commute by train.
です。commute〈コミュート〉（（交通機関を利用して）通勤[学]する）

② 「食べ歩き」は「周遊」の意味にもなるので、tour（ツアー、旅行）
を使って表現しました。他には eating around も「食べ歩き」
になります。colleague〈カーリーグ〉（同僚 = co-worker）

③ 「福袋」とは、百貨店の初売りなどで、色々なものを詰めて口
を閉じ、中身がわからないようにした袋のこと。▶海外では、
grab bag《米》、lucky dip《英》と言います。

④ このように、I used to. だけでも使えることを覚えておいてく
ださい。前文の意味を引き継いで「以前は飼ってたよ」の意味
になります。

⑤ 「今は違う」ということを伝えています。
There used to be a toyshop around here.（この辺りには以前、
おもちゃ屋がありました。）

I used to make an eating tour.
以前はよく食べ歩きをしたものでした。

I'm not used to spicy food.

私は辛い食べ物に慣れていません。

be used to 〜 （〜に慣れている）

be used to A は「A（物事）に慣れている」という意味です。
「慣れる」という動作を表す場合は、get used to A、または、
become used to A になります。

① **She is used to air travel.**
彼女は空の旅に慣れている。

② **My grandfather is used to cold weather.**
ウチのじっちゃんは寒さに慣れているよ。

③ **My granny is used to getting up early.**
私の祖母は早起きに慣れています。

④ **Have you got used to Japanese food?**
和食に慣れましたか？

⑤ **Have you got used to living in the country?**
田舎住まいには慣れましたか？

 さらに応用 ステップアップ

I'm used to walking quickly to the terminal every morning.
私は毎朝、始発駅まで早足で歩くのに慣れています。

We're used to finding some landmarks in the city.
私たちは街中で目印になるものを見つけるのに慣れています。

You'll soon get used to eating dinner by candlelight.
じきにロウソクの明かりでディナーを食べるのに慣れるよ。

- be used to A（Aに慣れている）とget[become] used to A（Aに慣れる）の「A」のところには、名詞か、〜ing形がきます。used to の発音は、2語が連結して「ユーストゥ」に近い音になります。
- 文型 75 の used to ＋動詞の原形〜（以前は、よく〜したものだった）との区別は、be動詞の有り無しがポイントです。

お役立ちレシピ

be accustomed to A（Aに慣れている）/ get accustomed to A（Aに慣れる）も同じ意味です。語源は、綴りからわかるように、custom（習慣）から来ています。

① air travel は、「飛行機での旅」という意味。air には「航空の」という意味があります。「飛行機」のことを airplane と言いますよね。

② 確かに寒さに強い人って、おられます。冬でも風邪ひとつひかず、元気いっぱい。本当に羨ましい限りですね。weather は「天気、気象」。

③ granny〈グラニィ〉は、「おばあちゃん（ = grandmother）」の意味の口語です。to のあとの動詞は -ing 形にします。

④ Have you got used to A? で「A に慣れましたか？」です。Japanese style bath（日本式のお風呂）も聞いてみてはいかが。

⑤ 「田舎の生活」は country life でも OK。「都会生活」なら、city life。他に、life in Japan（日本での生活）、married life（結婚生活）なども。

She is used to air travel.
彼女は空の旅に慣れている。

Somebody is at the door.

誰かが玄関に来ているよ。

somebody / someone（誰か）

somebody は、「誰か、ある人」の意味です。同じ意味・用法の someone よりも somebody のほうが口語的なので、会話でよく使われています。

① **Somebody, help me!**
誰か、手伝ってくれ！

② **Somebody told me you used to live in Kobe.**
君は神戸に住んでたことがあるんだってね。

③ **A salesman or somebody called.**
セールスマンか、誰かから電話があったよ。

④ **Is someone sitting here?** ↗
ここ、どなたかがいらっしゃるのかしら？

⑤ **Anybody here?** ↗
誰かいますか？《玄関前や店先で》

 さらに応用 ステップアップ

Somebody, open this door!
誰かこのドアを開けて！

Someone wants to see you.
どなたか面会のお客さんが、お見えです。

Would somebody answer the phone?
誰か電話に出てくれませんか？

- somebody は口語的なので、呼びかけなどの場合（①参照）に好まれます。
- somebody は someone よりもややくだけた語なので、形式的な言い方のときには someone を用いる傾向があります。（④参照）
  I'd like to see someone.（どなたかにお会いしたいのです。）

お役立ちレシピ
I don't know anybody here.（当地には誰も知り合いがいません。）のように、疑問文・否定文では anybody が用いられます。（⑤参照）　ただし、何かを頼むときや、肯定の返答を相手に期待する場合などでは、疑問文中でも some…を用います。（最終文を参照）

① この「誰か、○○してくれ！」という言い方は、日本語でもよく耳にします。思わず出ることばなのでしょうね。

② Somebody told me (that)〜. は、I hear[heard] (that)〜. の意味に近く、「〜って（誰かから、風の便りで）聞いたよ」になります。

③ 誰なのかがハッキリしないときは、この「…or somebody（…か誰か）」をお使いください。salesman〈セイルズマン〉の発音に注意！

④ 席が空席かどうかを確認するときの表現です。「どなたかが…」という丁寧な物言いなので、someone を使っているわけです。

⑤ Is anybody here? ↗ の Is を省略したものです。映画「タイムマシン（初期）」の中で、このセリフがありましたね。帰宅して「誰か（家に）いる？」なら、(Is) Anybody home? です。

Somebody, help me!
誰か、手伝ってくれ！

As for me, I prefer beef to pork.

私はと言うと、豚肉より牛肉の方が好きだ。

as for 〜

（〜はどうかと言うと、〜に関しては）

as for 〜は、相手との話の中で「○○の方は、○○については」
という話題を持ち出すときに役立つフレーズです。

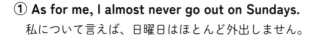

① **As for me, I almost never go out on Sundays.**
私について言えば、日曜日はほとんど外出しません。

② **As for me, I have no objection to the proposal.**
私の方は、その提案に異存はありません。

③ **As for working from home (remotely), we approve of that.**
リモートワークについては、我々は賛成です。

⑤ **Well, as for Manami, she is always in a bad mood.**
さて、真奈美のことだが、彼女はいつも不機嫌だな。

⑤ **As for a light lunch, rice balls and sandwiches are popular.**
軽い昼食と言えば、おにぎりやサンドイッチが人気です。

 さらに応用 ステップアップ

As for me, I don't care about the details.
　僕は細かい事は気にしないたちなんだ。 ·detail〈ディーテイル〉（細部）
I'll be at the party. As for my sister, she can't make it.
　私はパーティに行けるけど、姉は都合がつかないんだ。
You can sleep in my bed. As for me, I'll sleep on the sofa.
　君は僕のベッドで寝ていいよ。僕の方は、ソファで寝るから。

・as for ～は、「～について言えば、～に関する限りでは」という
　意味で、主に文頭に置かれます。

・「私などは」「彼はと言うと」「その問題については」などのように、
　as for ～の「～」のところには、「人」でも、「人以外のもの」が
　きても OK です。

お役立ちレシピ
相手との会話の流れの中で、「そうですねえ…、私はと言うと」と話し出すとき
が、このAs for me, を使うチャンスです。Personally（個人的に（は））もほぼ同
じ意味です。

① almost never…は、「ほとんど…しない」の意味。
　「めったに…しない」なら、hardly ever ＝ scarcely ever ＝ seldom
　＝ rarely。

② have no objection to…（…に異議はない）の objection は、「反
　対、異議」 という意味。

③ I'm working from home (remotely). なら、「私はリモートワ
　ークをしています」です。remotely〈リモウトリ〉（離れた所から）
　は省略しても OK。

④ こういう人って、たまにいますね。話しかけにくいし…、困
　ったものです。この Well は間投詞で、「さて、ところで」の
　意味です。

⑤ お昼ご飯の話題になったときの言い方の一例です。ちなみに、
　「お昼にしましょうよ」は、Let's do lunch. です。

As for me,
I have no objection to the proposal.
私の方は、
その提案に異存はありません。

Have a fantastic weekend!

最高の週末を！ ・Enjoy your fantastic weekend! とも言います。

Have a nice / good〜! （良い[素敵な]〜を過ごしてね!）

Have a nice day!（どうぞ良い1日を！）の Have は、「(時など)を過ごす」の意味です。「Have a 〜！」の形で使うと、「〜を！」になります。発音はひっついて「ハバァ」と聞こえます。

① **Have a nice afternoon!**
どうぞよい午後を！

② **Have a good time.**
どうぞ楽しんできてね。

③ **Have a good rest!**
ゆっくり休養してね！

④ **Have a safe journey!**
（旅行に）気をつけて行ってらっしゃい！

⑤ **Have a safe trip home.**
気をつけてお帰りください。

 さらに応用 ステップアップ

Have a nice holiday!
どうぞよい休日を！
Have a nice year!
どうぞ良いお年を！
Have a happy Christmas Eve!
素敵なクリスマスイブを！

・Have a nice 〜！は、おもに人との別れ際の挨拶として使われています。この表現には、相手の人に「どうぞ良いことが起きますように！」という願いが込められています。言う側も、言われた方も、気持ちよくなるフレーズです。Have a great 〜！/ Have a happy 〜！/ Have a safe 〜！などもよく使われます。Have a nice dinner! / Have a good party! / Have a happy birthday! などを自作して、日常生活でどんどん使っていってください。

お役立ちレシピ

「それでは、よい1日を！」と言うときは、Have a nice day, then! のようにthenを付け足せばOK。これは電話を終えるときにも使えます。ただし、午前中に言うこと。Have a beautiful day, then! という人もいます。

① 夕方からは、Have a nice night! になります。返答の「あなたもね！」は、（You) have a nice afternoon, too! / You too! / Same to you! などと言います。

② have a good [nice] time（楽しく過ごす）は、色々な状況で使えます。Have fun! も同じ意味です。fun（楽しみ）に a は不要です。

③ rest は「休憩、睡眠」。「十分にお休みくださいね」というときに。Have a good night's rest! なら、「どうぞぐっすり眠ってね！」です。

④「安全な旅を！」「気をつけてね！」の意味で、見送りのときなどに言う定型文になっています。Have a safe trip! とも言います。journey〈ジャーニ〉((各地を回る長い)旅行)

⑤ 来客が帰るときに掛けることばです。Have a safe trip back. / Get home safely. とも言えます。trip ((短い)旅行)

Have a good time.
どうぞ楽しんできてね。

Don't worry so much.

そんなに心配しないで。　・worry〈ワリィ〉（心配する、悩む）

Don't+ 動詞の原形〜 .（〜するな/〜しちゃダメ。）

Don't ＋動詞の原形〜 . は否定の命令形ですが、「音をあげるな」という人を励ます言い方から、「どうぞご遠慮なく」という何かを勧める言い方まで、できます。

① **Don't touch it!**

それに触っちゃダメよ！

② **Don't be long!**

早くしてよ！

③ **Don't hit on a part-time job girl.**

バイトの女の子にちょっかいを出すなよ。

④ **Please don't hesitate to call me anytime.**

どうぞご遠慮なくいつでも電話してください。

⑤ **Do not tell anyone about this!**

このことは絶対、誰にも言わないでよ！

 さらに応用 ステップアップ

Do not disturb.

　起こさないでください。《ホテルの部屋のドアにかける掲示》

Don't give up easily! Try it again.

　すぐあきらめないで、もう一度やってみなよ。

Don't forget to meet me at the station at seven thirty.

　必ず7時30分に駅まで迎えに来てよ。

- 否定の命令文は、Don't be in another world.（ぼーっとするなよ。）のように、注意する場合にも使えます。be in another world（別の世界にいる、心ここにあらず）
- Please をつけると、否定の丁寧な命令文になります。
  Please don't run here.（ここで走らないでください。）
  Please don't forget your key.（どうぞ鍵をお忘れなく。）

お役立ちレシピ

Be careful not to catch a cold.（風邪をひかないように気をつけてね。）のように、not to +動詞の原形…で「…しないように」を表します。
catch a cold（風邪をひく）/ catch (the) flu（インフルエンザにかかる）
---

① 世の中には、何にでも触りたがる人がいます。子供だけでなく、大人にも、こう言っておくこと。

② 待っている者の身にもなってよ、ということ。もとは「長くするなよ」です。I won't be long. なら、「すぐ帰って来ます」ということ。

③ hit on は、「（異性）に言い寄る、しつこく迫る」という意味。手を出しそうな人には、こう言って釘を刺しておきましょう。

④ don't hesitate to+ 動詞の原形で「遠慮なく…する」です。お気軽にどうぞ、という意味。hesitate〈ヘズィテイト〉（ためらう）

⑤ Don't を Do と not に分けて、not を強めに発音すると、「絶対に～しないで」という強い否定の意味になります。

Don't touch it!
それに触っちゃダメよ！

Never mind!

気にするな！

Never ＋ 動詞の原形〜 .（〜するな。）

「〜するな」は、Never を使って、きっぱりとした言い方ができます。ミスをしてしまい、しょげている人に Never mind! と言ってあげれば、元気づくでしょう。

① **Never fail!**
きっとよ！

② **Never gamble!**
賭け事は厳禁！

③ **Never play with your smartphone at work!**
仕事中はスマホを絶対いじるな！

④ **Never say die!**
弱音を吐くな！

⑤ **Never be late tomorrow!**
明日は絶対遅刻するなよ！

 さらに応用 ステップアップ

Never on Saturday!
土曜日はダメよ！

Never give your long-held dreams up.
あなたの長年の夢を決してあきらめるな。

"He drank the whole bottle." " Never!"
「あいつ、一びん飲んじゃったよ」「まさか！」

・否定形の命令文は、Don't ＋動詞の原形〜 . で表しますが、Don't の代わりに Never を使うと、「決して [絶対に] 〜するな」という強い否定の意味になります。

・Never の後には、Never break your promise. （決して約束を破るな。)のように、マイナス内容がくることが多いようです。

お役立ちレシピ
日本語では「気にするなよ」の意味で、野球などで「ドンマイ」と言いますが、英語では、Don't mind. ではなく、Never mind. と言います。

① そのままの意味は、「決して失敗するな」です。約束事の念押しなどに。Never fail to call me. （必ず電話ちょうだいよ。) という応用も。

② 直訳は、「決して賭博はするな！」。賭け事には、手を出さないことです。gamble には、「（大金の）賭け事をする」という動詞の意味もあります。

③ 中毒かと思えるほど四六時中、スマホを操作している人がいます。車の運転中も絶対ダメ！ この at は「…中で」の意味。

④「死ぬ、なんて言うな」→「くじけるな、勇気を出せ」という意味。人生とはやり直しの連続なり、と誰かも言っていましたね。

⑤「明日は、朝イチで重要な会議。わかってるな」という念押しに。Never be late again! （二度と遅れるな！）という言い方も。

Never say die!
弱音を吐くな！

Excuse me for being late.

遅れてごめんなさい。

Excuse me.
（ごめんなさい、失礼します。）

Excuse me. は、見知らぬ人にものを尋ねる場合や、人の前を通ったり、相手に触れたり、軽い謝罪のとき、相手に反論するときなどの前置きに用います。

① **Excuse me?** ↗

すみませんが、もう一度おっしゃってください。

② **Excuse me a moment, please.**

少しの間、失礼します。

③ **Excuse me, could I get past?**

ちょっと失礼、通していただけますか？

④ **Excuse me for interrupting you.**

すみません、お話し中失礼します。

⑤ **Excuse us. It's time to go home.**

（途中ですが）お先に失礼します。

さらに応用 ステップアップ

Excuse me, but I think you have misunderstood.

失礼ながら、誤解なさっているようです。

Excuse me, but where can I find the tourist information center?

すみませんが、観光案内所はどこでしょうか？

Please excuse me for not answering your e-mail sooner.

もっと早くメールのご返信をしなかったことをお許しください。

- Excuse me. の発音は、会話では「イクスキューズミー」の「イク」がとれて、「スキューズミー」とよく発音されます。レストランで店員を呼ぶときなど、どんな場面でも使うことができます。
- Excuse me. と言われた方は、相手の方に目をやってうなずくのが普通ですが、謝罪的な場合には、It's no problem at all.（全然問題ないですよ。）とか、No problem.（何てことないですよ。）と返答することもあります。

お役立ちレシピ

Excuse me, but 〜は、相手と話したくない場合にも使えます。
Excuse me, but I'm so busy.（悪いけど、とても忙しいんです。）

① 後ろの方を上昇調で発音すると、Sorry?↗やPardon?↗、I beg your pardon?↗などと同じく、「何とおっしゃいましたか？」の意味になります。

② トイレや座をはずすときに、「ちょっと失礼、すぐに戻ります」の意味です。Excuse me, I'll be back in a moment. ということ。
   ▶ moment を minute や second にしても、ほぼ同意です。

③ 相手が通路をふさいでいるときに。簡単に Excuse me, please. とも言えます。get past は、go through や get by でも OK。

④ 相手が誰かと話しているときや、仕事中に割って入るときは、このように言うのがマナーです。interrupt〈インタラプト〉（（人の話・行動など）をさえぎる、を中断させる）

⑤ Excuse us. の「us」は、こちらが夫婦やグループなどの場合の「私たち」です。パーティーなどの途中退席のときに。

Excuse me a moment, please.
少しの間、失礼します。

Thank you very much.
どうもありがとうございます。

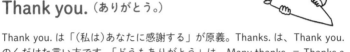

Thank you. (ありがとう。)

Thank you. は「（私は）あなたに感謝する」が原義。Thanks. は、Thank you. のくだけた言い方です。「どうもありがとう」は、Many thanks. ＝ Thanks a lot. と言います。

① **Thank you for everything.**
いろいろありがとうございました。

② **Thank you for coming all the way from Tokyo.**
東京から遠路おいでくださって、ありがとうございます。

③ **Thank you for having us.**
お招き、ありがとうございます。

④ **Thank you, I appreciate it.**
ありがとう、感謝します。

⑤ **It's very kind of you to say so.**
そう言ってくださって、どうもありがとうございます。

さらに応用 ステップアップ

I really can't thank you enough.
　本当に何とお礼を言えばよいかわかりません。

Thank you very much for your company.
　ご一緒して下さってどうもありがとうございます。

Thank you for your hospitality. I really had a good time.
　おもてなし、ありがとう。ほんとに楽しかったわ。

・hospitality〈ホスピタリティ〉（親切なもてなし）

・女性は Thank you so much のように、very の代わりに so をよく用います。No, thank you.（いいえ、結構です。）は、相手の申し出を断るときの丁寧な表現で、No, I'm OK. も同意。受けるときは、Yes, please.（はい、お願いします。）。

・イントネーション（抑揚）で、微妙な変化が出ます。Thank you.↘は、心からの感謝を、Thank you.↗は、軽い感謝の気持ちを表します。

> **お役立ちレシピ**
> 掲示・アナウンスなどでは、Thank you for wearing a mask.（マスク着用のご協力をお願いします。）のように、Thank you から始まる言い方をする場合があります。

① Thank you for+ 名詞（〜をありがとう）の形で、どんどん使ってください。「お世話になりました / ご心配をおかけしました」もこれで OK。

② 感謝は、こういう相手の行為にも。Thank you for のあとの動詞は -ing 形にします。all the way は「はるばる、ずっと」の意味。

③ 自宅や会食などに招待された客が感謝を伝えるときの決まり文句です。ゲストが夫婦やグループなどの場合、us（私たち）となります。

④ appreciate〈アプリーシエイト〉（〜に感謝する）は丁寧な感謝を表し、後ろに it や事柄がきます。it は相手にしてもらったことを指します。Thank you. と重ねてよく用いられます。

⑤「ありがとう」は Thank you だけではありません。こういう言い方もあるのです。That's so nice of you. とも言います。

Thank you for everything.
いろいろありがとうございました。

"Thank you for your kindness." ·····
"My pleasure."

「ご親切ありがとうございます」「どういたしまして」

My pleasure. （どういたしまして、こちらこそ。）

pleasure〈プレジャー〉は、「喜び、楽しみ、光栄」などの意味です。
この語を使ったフレーズは、意味通り、話し手の〝喜び〟が前面に出ます。

① "Thanks for your help." "(It's) my pleasure." ·····
「手伝ってくれてありがとう」「どういたしまして」

② "It's been nice talking to you." "The pleasure is mine." ·····
「お話できて嬉しかったです」「こちらこそ」

③ "Would you help me?" "Yes, with pleasure." ·····
「手伝ってくださる？」「ええ、喜んで」

④ It was a great pleasure to be with you. ·····
ご一緒できてとても嬉しかったです。

⑤ (It's a) pleasure to meet you. ·····
はじめまして。《初対面の挨拶》

 さらに応用 ステップアップ

It's been a real pleasure.
　お目にかかれて光栄でした。《別れ際に》

"Thank you for coming to our house." "The pleasure is ours."
　「家に来て下さり、ありがとうございます」「いえ、こちらこそ」

I hope we may have the pleasure of seeing you again.
　またお目にかかることができればと思っています。
　　　　　　　　　　　　　　　＊I hope to see you again.の改まった言い方。

・相手の礼に対する返答の「どういたしまして」は、You're welcome. の他に、Don't mention it. / Not at all. / No problem. / No worries. などもあります。
・オススメは、次のもうワンランク上の丁寧表現です。
It's my pleasure. = My pleasure. = The pleasure is mine.

お役立ちレシピ
何かの依頼を受けて承諾の返答をする場合、With pleasure.（喜んで。）と単独で使うこともできます。（③参照）

① My pleasure.（どういたしまして。）は、感謝など対する丁寧な返答で、「お役に立てて嬉しいです」という意味が含まれています。

② The pleasure is mine. = My pleasure. で、丁寧な表現です。招かれた客が2人以上の複数のときは、The pleasure is ours. と言います。

③ with pleasure は文字通り「喜んで」です。次のように、文中でも使えます。I'll help you with pleasure.（喜んでお手伝いいたします。）

④ 楽しく過ごしたあとの別れ際のことばです。こう言われた方も嬉しくなりますね。a great pleasure は「大きな喜び」。

⑤ Pleasure to meet you. でも OK。2度目以降は see を用いて、(It's a) pleasure to see you again.（またお会いできて嬉しい。）とします。

"Thanks for your help."
"(It's) my pleasure."
「手伝ってくれてありがとう」
「どういたしまして」

Here's your love letter.

ここにあなたのラブレター（恋文）がある。

Here is 〜 . （ここに〜がある。）

Here is の短縮形は Here's です。Here are two coins.（ここに 2 枚のコインがある。）のように、複数形なら、is を are にします。Here are の短縮形は Here're になります。

① **Here's (a little) something for you.**
これをあなたにあげましょう。

② **"Is Minami here?" "Here."**
「南さん、いますか？」「はい、います」

③ **Here's to you!**
きみのために乾杯！

④ **Here you are.**
はい、どうぞ。

⑤ **Here we go now. Say "cheese."**
さあ撮りますよ、はい「チーズ」。

さらに応用 ステップアップ

Here's your change.
　はい、おつりです。《店などで》
Here's good luck to you!
　幸運を祈る！
Here are some amulets.
　ここにお守りがいくつかあります。 ・amulet〈アミュレット〉（護符）

・Here is 〜 . は、「ここに鍵がある」「ここに抜け道がある」といった近い場所に何かがあることを表します。Here のあとの動詞は、次にくる名詞に合わせます。

　Here is your hat.（ここに君の帽子がある。）
　Here are your gloves.（ここに君の手袋がある。）

・タクシーで降りるときには、Here is fine.（ここで結構です。）と言います。

お役立ちレシピ
Here comes A. は、「（注意を引いて）ほら、A（乗り物・人）が来たよ」の意味です。Here comes the bus.（さあ、バスが来たよ。）

① 物を差し出して「はい、これは君にだよ」と言うときの定番表現です。a little が付くと、「少しだけど…」的な意味合いが加わります。

② 点呼の際の「はい」も、この Here. です。私はここにいます、という気持ちなのでしょう。この「ヒアー」が、結構出てこないものです。

③ Here's to A !（A（人・物事）に乾杯！）は、人の集まりで使える楽しいフレーズです。
　Here's to the happy couple!（幸せなお二人に乾杯！）

④ 相手の望む物を渡すときの言い方で、are を強く発音します。Here it is. / Here you go. も同意。この場合の「どうぞ」をPlease. としないこと。

⑤ Here we go! は、「よし、やるぞ / では、始めるぞ」の意味で、何かを開始するときのかけ声的な表現です。go を強く発音。
　▶ Say cheese!（はいチーズと言って！）は、「笑って！」の定番フレーズ。

Here's to you!
きみのために乾杯！

There is a vase on the table.

テーブルの上に花瓶がある。

There is a ○○ ＋ 場所〜.（〜に○○がいる。）

「庭にコオロギがいる」「湖のほとりにカフェがある」「金庫の中に1億円ある」など、「〜に○○がいる / ある」というときには、There is a ○○（○○がいる / ある）と始めて、そのあとに場所を表す語(句)を付けるのです。

① **There's a big spider on the ceiling, Mom!**
　お母さん、天井にでっかいクモがいる！

② **There's a lady wants to see you at the main entrance.**
　女性が表玄関に、ご面会に来られています。

③ **Is there a grocery store nearby?**
　近くに食料品店がありますか？

④ **Is there anything you don't like?**
　苦手なものって、ある？《飲食店で》

⑤ **There aren't any cars in the parking lot.**
　駐車場には車が1台もないよ。

 さらに応用 ステップアップ

There was some custard pudding in the refrigerator.
　冷蔵庫にプリンを入れといたんだけど。・refrigerator〈リフリジレイター〉

There are too many eyes around here. Let's go over there.
　ここは人目が多い。あっちへ行こう。

Are there any inexpensive restaurants around here?
　この辺りに、安く済むレストランはありますか？

・There is 〜 . の文型を用いると、「この先に交差点があります」「山頂に山小屋がある」「スープの中に虫が入っている」「彼の復帰の望みはありますか？」など、様々な表現ができるようになります。複数形の場合は、There are 〜 . となります。

・過去のことを表すときは、There was / were 〜 . (〜がいた / あった)とします。

お役立ちレシピ
There's a call for you, Liz. (リズ、あなたに電話よ。)のような使い方もできます。

① There is の短縮形は There's になります。「キャー」という悲鳴も聞こえてきそうですね。ceiling 〈スィーリング〉(天井)

② 元の英文では文法的には There's a young lady who wants 〜 となるのですが、who を省くのが話しことばの特徴です。

③ 疑問文形は、Is there 〜？です。nearby (近くに = near by)
beauty salon (美容院)、pharmacy 〈ファーマシー〉(薬局)なども。

④ anything (that) you don't like で、関係代名詞の that が省略されています。don't を取ると、「あなたの好きなものは？」になります。

⑤ There aren't any ○○で「1 つも○○がない」です。
There are の短縮形は、There're 〈ゼアラー〉になります。

There's a big spider on the ceiling, Mom!
お母さん、天井にでっかいクモがいる！

By the way, how's your father doing? ....
ところで、お父さんはお元気ですか？

By the way, 〜 （ところで、〜）

「ところで」を表す最も一般的なフレーズは、ご存知、By the way ですね。プレゼンなどのビジネスシーンや、フォーマルな場面では、Incidentally が適しています。

. . . .

① **By the way, can I meet you next Thursday's night again?** ....
ところで、来週の木曜日の夜にまたお会いできますか？

② **Oh, by the way, Maki dropped by for a visit a while ago.** ....
あ、そうだ、ちょっと前に真紀(まき)ちゃんが来ましたよ。

③ **Oh, by the way, my name's Yuyu.** ....
ちなみに、私の名前はユユです。

④ **So, could I have a word with you?** ....
ところで、あなたとちょっとお話をしたいのですが。

⑤ **Incidentally, where were you in the morning?** ....
それはそうと、君は、午前中はどこにいたのかね？

. . . .

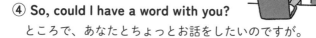 **さらに応用 ステップアップ**

By the way, what's the specialty of this region?
　　ところで、この地域の名物は何ですか？　・specialty（(土地の)特産物)
Incidentally, I've changed my e-mail address.
　　ついでに言うと、メルアドを変えたんだ。
So, how did your first date go?
　　ところで、初めてのデートはどうだった？　・go（(物事が)進行する)

・私たちのまわりには、話好きの人が結構おられます。とはいうものの、こちらも次の予定があるし、いつまでも聞いていられません。そんなときには、適当な頃合いを見計らって、「ところで、お宅の新製品ですが…」とか、「それはそうと、納品日は…」などと言って、話題を変えるのです。

・この「ところで」や「それはそうと」という言葉は、**ソフトに話の方向を変えられるので、とても便利です。**

お役立ちレシピ
Well にも「ところで」の意味があります。(文型54 参照)
Well, what do you want? (ところで、何の用だい?)

① 会話の終盤に、こうやって次の約束を決めるのです。このように、「日時を決めて会う」という場合には、meet を用います。

② 思い出したことを付け加えて言うときです。Oh, がいい味を出してくれていますね。for a visit は省略可。

③ 会話中に、相手が自分の名前を間違えているとわかったら、こうやって、話の合間にさりげなく入れるのです。

④ So にも「ところで」の意味があるのです。こう言ったあと、交際を申し込むのも、ひとつの手です。have a word は「ちょっと話をする」。

⑤ Incidentally〈インシデンタリィ〉(ところで、それはそうと、ついでながら)は、急に思い出したことを言うときにも使えます。

By the way, can I meet you next
Thursday's night again?
ところで、来週の木曜日の夜に
またお会いできますか?

Is this your first visit to Japan?

日本を訪れるのは、今回が初めてですか？

Is this your first ～ ?

（今回が初めての～ですか？）

Is this your first ～ ? の直訳は、「これがあなたの初めての～ですか？」で、人の行動や行為が最初かどうかを尋ねるときに用います。

① **Is this your first trip abroad?**

これが初めての外国旅行ですか？

② **Is this your first time trying Japanese sake?**

日本酒を飲むのは、今回が初めてですか？

③ **Is this your first time putting on high-heeled shoes?**

ハイヒールを履くのは、今回が初めて？

④ **Is this your first time taking an open-air bath?**

露天風呂に入るのは、今回が初めてですか？

⑤ **This is my second time eating ramen in Kumamoto.**

熊本でラーメンを食べるのは、これで2度目です。

 さらに応用 ステップアップ

This is my first time on a horse.

馬に乗るの、初めてなんです。

This is my first time seeing the sunrise on New Year's Day.

元日に初日の出を見るのは初めてです。

Is this the third time (that) you've gotten a parking ticket?

駐車違反の切符を切られたのは、これで3回目ですか？

- Is this your first 〜？ の「〜」のところには、visit（訪問）、trip（旅行）、time（…回目）などがきます。
- Is this your first time 〜ing?（〜するのは、これが初めてですか？）を状況に応じて、ご活用ください。また、最終文のように、後ろに現在完了形を用いると、the+序数詞+time となります。

┌─ お役立ちレシピ ─
Is this your first 〜? の first のところを、回数に応じて、second（2度目）、third（3度目）などに取り替えてお使いください。
└─

① trip abroad は、「外国への旅行」。初めての海外旅行って、なんかワクワクしますね。でも、パスポートと財布は絶対に失(な)くさないように。

② 日本酒を温(あたた)めて飲む「熱燗(あつかん)」にハマる外国人の方が増えているそうです。sake(酒)の発音は「サキ」に聞こえます。

③ こう聞かれたら、Yes, I feel quite uneasy.（はい、とても窮屈(きゅうくつ)に感じます。）のように返答する人もいるでしょう。
　　⇔ low-heeled shoes（かかとの低い靴、ローヒール）

④ open-air は「野[戸]外の」の意味。露天風呂は開放感があって、気持ちいいですからねえ。ゆっくりお楽しみください。

⑤ 自分のことは This is my…で表現します。second time なので、「2度目」ということ。soy sauce flavor〈フレイヴァ〉(醤油味) / salt flavor(塩味) / miso flavor(みそ味)

Is this your first trip abroad?
これが初めての外国旅行ですか？

Turn right at the next corner.

次の角を右に曲がってください。

Turn right / left.

（右に / 左に曲がりなさい。）

道案内の基本は、「進む方向」です。どこで、右 / 左に曲がるのか、あるいは、直進するのか、をはっきりと示す必要があります。

① **Turn left at the second intersection.**

2つ目の交差点を左に曲がってください。

② **Go two blocks. Then turn right just before the ramen shop.**

2ブロック行き、ラーメン屋のすぐ手前を右へ曲がってください。

③ **Go past the bakery. It's behind the flower shop.**

パン屋さんを通り過ぎてください。それは花屋さんの裏にあります。

④ **Cross the intersection and go straight along the road for 100 meters.**

交差点を渡って、道をまっすぐ100メートル進んでください。

⑤ **The bookstore is across from the station. You can't miss it.**

その本屋さんは駅の向かい側にあるので、すぐわかりますよ。

 さらに応用 ステップアップ

The building is diagonally opposite a church.

その建物は教会のはす向かいです。・diagonally〈ダイアゴナリィ〉(斜めに)

Cross the street diagonally. You'll find it on your right.

通りを斜めに横断してください。右手にそれが見つかります。

Go down this street and it'll be on the left. It's just next to the bank.

この道をまっすぐ行けば、左側にありますよ。銀行のすぐ隣です。

・next to…(…の隣)

・英語では、道案内は基本的に命令形で表現します。
・「右 / 左に曲がる」は、Turn right/left と、Turn to the right/left の 2 通りの言い方がありますが、前者の方がよく使われています。
・「あそこです」と示すときは、It's over there. と言います。

お役立ちレシピ
「…を通り抜けて」は、through を使います。
Go through the shopping street. (その商店街を通り抜けてください。)

① この at は「…の所で」の意味。intersection / junction《主に英》(交差点) ► crossing は一般的に「横断歩道」の意味で用いられます。
「3 つ目の信号を」なら、at the third traffic light / signal です。

② block (ブロック) とは、「市街地の四方を道路で挟まれた 1 区画」のことですが、道案内では、主に「1 区画の一辺の距離」を指します。

③ Go past…は「…を通り過ぎる」。behind〈ビハインド〉は「…の裏(側)に」。目印になる店や建物を伝えるのが、道案内のポイント。

④ cross (…を横断する、渡る) メートルは〈ミータズ〉と発音。
go straight along A (A(道など)に沿ってまっすぐ行く)

⑤ across from (…の真向かいに = opposite…)
You can't miss it. (必ず見つかります。)は、英会話の決まり文句。

Turn left at the second intersection.
2つ目の交差点を
左に曲がってください。

Which is better?

どっちがいいですか？

Which is ～？（どちらが〜ですか？）

Which（どちら(の)、どれ）は、人にも、物にも使うことができます。
Which の発音は、〈(フ)ウィッチ〉です。

① **Which is faster, a train or a bus?** ‥‥
電車とバスのどちらが速いですか？

② **Which way is the shopping mall?** ‥‥
モール街への道(方向)はどちらですか？

③ **Which do you like better, this or that?** ‥‥
これとあれのどっちが好き？

④ **Which would you prefer, white wine or red wine?** ‥‥
白ワインと赤ワインのどちらがよろしいですか？

⑤ **Which bus should I take to Kurashiki?** ‥‥
倉敷へはどのバスに乗ればいいですか？

 さらに応用 ステップアップ

Which of these books do you recommend?
これらの本の中のどれがお勧めですか？

"Which way is Hagi Station?" "It's northeast from here."
「萩駅はどちらの方向ですか？」「ここから北東の方角です」

Which appeals to you more, a love marriage or an arranged marriage?
恋愛結婚とお見合い結婚とでは、どちらに魅力を感じますか？

- 「どっちが君の傘だい？」のように、限られた数の物の中の「どれ？」は、Which? です。
- Which way 〜？（〜はどちらの方角ですか？）は、目的地や方向を聞くときに役立ちます。道がややこしい場合は、Where（どこ）で聞くよりも、相手が「あっちだよ」と方向を指し示してくれるので、わかりやすいのです。（②参照）

お役立ちレシピ
Which 〜? の文では、あとに「to ＋動詞」がくる場合もあります。
Which would you prefer, to buy or to rent a house?
（家は買うのと借りるのと、どちらがいいですか？）

① 公式化すると、Which is 〜 er, A or B?（A と B ではどちらが〜ですか？）です。比較は世の常。よいほうをどうぞ!!

②「あれ、おかしいな、道が分かれているぞ。どっちだ？」という場合に、こう聞きます。

③「A と B とではどっちが好き？」の定番パターンです。this と that のところを、夏と冬、ライスとパンなどに入れ替えてお使いください。

④ ③を丁寧にした言い方です。would を使っているので、目上の方々やお客様にも OK です。prefer(…のほうを好む）に better は不要です。

⑤ 文型はこのままで、bus を train に、行き先の倉敷を目的地に替えて話してください。

Which is faster, a train or a bus?
電車とバスのどちらが速いですか？

My baby is three months old.
私の赤ちゃんは、生後 3 か月です。

S is ○ years［months］old.
（S は○歳［○か月］です。）

生後まもない赤ちゃんのことは、上の見出し文のように years ではなく、months で表します。「生後 4 日目」なら、My baby is four days old. です。

① **Our house is fifty years old.**
　私たちの家は、築 50 年だ。

② **"How old is this whisky?" "It's twenty years old."**
　「このウイスキーは何年ものなの？」「20 年ものです」

③ **My shoes are two days old.**
　僕の靴は、買うてまだ 2 日目やねん。〈大阪弁〉

④ **"How old is the milk in the fridge?" "It's a week old."**
　「冷蔵庫の牛乳は、買ってどれくらいなの？」「1 週間よ」

⑤ **Yamada's dark suit is about ten years old.**
　山田くんの黒っぽいスーツは、約 10 年の着古しだ。

 さらに応用 ステップアップ

My grandfather's watch is almost one hundred years old.
　私の祖父の腕時計は、ほぼ 100 年ものだ。

"How old is that tree?" "It's nearly 200 years old, I hear."
　「あの木は樹齢何年ですか？」「およそ 200 年と聞いています」

This cut flowers are more than eight days old and are dying.
　この切り花は、活けて 8 日以上経つので、枯れかかっています。

・犬などの年齢を人間の年齢に換算するときは、こう言います。
"How old is your dog in human years?"
"She is 60 years old in human years."
「あなたの犬、人間だと何歳ですか？」
「（彼女は）人間でいうと、60歳です」

お役立ちレシピ
英語圏では、相手の年齢を聞くのは、失礼な質問と受け取られることが多いので、気安くHow old are you? と言わぬこと。

① 年齢を表す「○ years old」は、人間ばかりの独占する表現ではありません。樹齢100年の木も It's 100 years old. と申します。

② How old ～ ? も人間だけが独占する表現ではなく、動・植物や食べ物、道具類、機械などにも使えます。この「○年もの」は便利でしょう。

③「○日」なので、○ days old です。このように、日数の経過にも、もちろん使用可能です。

④ How old は「買って（から）」の意味も含みます。
fridge〈フリッジ〉（冷蔵庫）は、refrigerator の短縮形です。

⑤ 山田くんは、そのスーツがよほどお気に入りなのでしょう。
「着古し」という難解な日本語も「years old」で OK。

Our house is fifty years old.
私たちの家は、築50年だ。

It is five years since we moved here. ·····

私たちがここに引っ越してきてから、5年になる。

It is ○ years since S+ 過去形···.
(S が…してから○年になる。)

「…してから○年 / 月 / 週間」など、時の経過を伝えるには、この公式を使えば、正しく言い表すことができます。

・・・

① **It is ten years since my grandmother passed away.** ·····
僕のおばあちゃんが亡くなってから、10 年が経つ。

② **It is two weeks since Koji and Kana got married.** ·····
浩二と加奈は、新婚 2 週間のほやほやだ。

③ **It's an hour since Jiro stayed in the hot-water service room.** ·····
次郎が給湯室にこもってから、1 時間になる。

④ **It's been more than forty minutes since my father had a bath.** ·····
父がお風呂に入ってから 40 分以上になる。

⑤ **It's been a long time since I last saw Becky.** ·····
この前ベッキーに会ってから、ずいぶんになります。

・・・

さらに応用 ステップアップ

It is a year since Yuki won the championship in the eating contest.
由貴が大食い選手権で優勝してから、1 年になる。

"Is it five days since Mai left here?" "Yes, it is."
「舞がここを去ってから 5 日ですか？」「はい、そうです」

It has been one and a half years since he took early retirement.
彼が早期退職してから、1 年半になる。

- It is ○ years since S+ 過去形….（…をしてから○年が経つ）の years は、用途に応じて「月、週、日、時間など」に替えてお使いください。
- 疑問文は It is を Is it に、返答は Yes, it is. / No, it isn't. などで。
- since のあとには、「誰々が…した」という**過去形**の英文が続きます。

お役立ちレシピ

「○ years have passed since S+ 過去形….」でも、同じ意味を伝えることができます。
Five years have passed since we moved here.《＝見出し文》

① 日本語では「死ぬ」ということばを避けて「亡くなる」と言いますが、これは英語でも同じで、die の代わりに pass away を用います。

② お幸せに！ 「時」を表す部分は、このように「週」でも、「日」でも、「時間」でも構いません。

③ 一体、何をしているのでしょうか。早く自分の部署にお戻りください。「給湯室」は、kitchenette〈キチャネット〉とも言います。

④ のぼせないように、長風呂もほどほどに。 It is の代わりに、It has been と言っても OK。この It's は It has の短縮形です。

⑤ last は「この前、いちばん最近」という意味で、文末に置くこともできます。

It is two weeks since Koji and Kana got married.
浩二と加奈は、新婚2週間のほやほやだ。

What do you think of his clothes? ·····

彼の服についてどう思う？

What do you think of[about] 〜 ?

（〜についてどう思いますか？）

人に意見を求めるのは、世の常。「ねえ、あなた、このブラウス、どう思う？」と、妻が夫に聞く場合もこの表現になります。

・・・

① **What do you think of Japanese food?** ·····

日本料理をどう思いますか？

② **What do you think about a tax increase?** ·····

増税についてどう思いますか？

③ **What do you think about this kind of soap opera?** ·····

このようなメロドラマをどう思いますか？

④ **What do you think of his habit of being late?** ·····

彼の遅刻癖についてどう思う？

⑤ **What do you think?** ·····

知ってる？　実はね。

・・・

さらに応用 ステップアップ

What do you think of her girls' talk?

　　彼女の恋バナについてどう思う？

What do you think about our new president?

　　我が社の新社長、どう思う？

What did you think of his drinking habit?

　　彼の酒癖についてどう思いましたか？

・of は特定の人や物事について考えるときに、about は関連内容について意見を求めるときに使われるというニュアンスがあります。
・好き嫌いを含む感想の問いは、How do you like 〜？がオススメ。
"How do you like Ibaraki?"　"I like it very much."
「茨城はいかがですか？」　　「とても気に入ってます」

お役立ちレシピ
「どう思うか?」の「どう」から、うっかり How do you think about 〜? としないようにしてください。How do you feel about 〜? が正しい言い方です。

① of は、一般的に好きかどうかを尋ねる言い方で、of を about にすると、これから食べる食事は和食にしようか、という意図が含まれます。

② 増税と聞くたび、ため息が出る今日この頃です。tax は、ご存知「税金」。increase（増加）は〈インクリース〉と前にアクセントがあります。

③ soap opera（(昼間の)連続メロドラマ）とは、昔、アメリカで石鹸会社がスポンサーになったことから、こう呼ばれるようになりました。「思いましたか？」なら、do を did にします。

④ habit〈ハビット〉は「(個人の)習慣、クセ」で、of+-ing 形が付くと、「〜する癖」になります。

⑤ What do you think?（あのね、知ってるかい）は、意外なことを切り出すときの前置き表現で、「何だと思う？」の意味からきています。

What do you think about
a tax increase?
増税についてどう思いますか？

I'll have him come in no time.

すぐに彼を来させます。　・in no time（すぐに、ただちに）

have＋人＋動詞の原形〜.（人に〜させる、してもらう）

自分ではなく、「人に何かをさせたり、してもらったりする」ときに大活躍するのが、このフレーズです。お役立ち間違いなしです。過去の場合は、have を had にすれば OK.。

① **I'll have Aki call you back.**
亜紀に折り返し電話をさせます。

② **I'll have Kazuo meet you at the ticket gate at the North Exit.**
和夫にあなたを北口の改札まで迎えに行かせます。

③ **I'll have my son drive you home.**
私の息子にあなたをお宅まで送らせましょう。

④ **I'll have her visit you at home every other day.**
1 日おきに、彼女にあなたの家を訪問させましょう。

⑤ **I'll get them to try it again.**
彼らにもう一度トライさせます。

 さらに応用 ステップアップ

I'll have Yutaka carry your baggage upstairs.
豊にあなたの手荷物を 2 階まで運ばせます。

I had Chiharu translate this letter into English.
私は千春にこの手紙を英訳してもらいました。

I'll get him to help you with your work.
彼にあなたの仕事を手伝わせましょう。

・「人に〜させる」は、|have| + |人| + |動詞の原形| 〜で表せます。

　秘密の覚え方 → ハブ　ヒト　　ゲン

・get + 人 + to + 動詞の原形〜も同じ意味ですが、「（努力して）〜させる、してもらう」のニュアンスを含みます。to が必要な点にご注意。（⑤参照）

お役立ちレシピ

①は、電話が掛かってきたとき、相手に伝えるべき定番表現ですが、これを「（私が）亜紀に折り返し電話をかけさせましょうか？」と相手に尋ねる場合には、Shall I have Aki call you back? と言います。

① call + 人 + back は「（人）に折り返し電話する」という意味。
　「（私が）あとでまたかけるよ」なら、I'll call you back later.
　となります。

② この meet は、「…を出迎える」という意味。ticket gate（改札口）
　「南 / 西 / 東口」なら the South / West / East Exit となります。

③ こんな夜にお客様を一人で帰らせるわけにはまいりません、
　というようなときに、こう言います。

④ この文の後に、at five fifteen（5時15分に）のような時刻を
　付け加えると、立派なアポになります。
　every other day（1日おきに）/ every other week（隔週で）

⑤ get を用いるときは、to をお忘れなく！　get はネイティブの
　会話によく登場します。

I'll have Aki call you back.
亜紀に折り返し電話をさせます。

I had my car washed at the gas station.⋯⋯

私はガソリンスタンドで洗車してもらった。

have / get ＋物＋過去分詞～.
（物を～してもらう、させる、される）

「私は仕事を時間通りに終了させた」「彼女は髪を短く切ってもらった」などの
「～させる」「～してもらう」は、「have / get ＋物＋過去分詞」で表します。

⋯⋯⋯⋯⋯⋯⋯⋯⋯⋯⋯⋯⋯⋯⋯⋯⋯⋯⋯⋯⋯⋯⋯⋯⋯⋯⋯⋯⋯

① Reiko had her house remodeled.
麗子は家を改装した。

② I'll have the job done by tomorrow.
私は明日までに仕事を済ませます。

③ You should get your eyes examined.
目を調べてもらったほうがいいですよ。

④ I had my credit card stolen.
私はクレジットカードを盗まれた。

⑤ Could I have my passport reissued?
パスポートを再発行していただけますか？

⋯⋯⋯⋯⋯⋯⋯⋯⋯⋯⋯⋯⋯⋯⋯⋯⋯⋯⋯⋯⋯⋯⋯⋯⋯⋯⋯⋯⋯

 さらに応用 ステップアップ

Can I have the TV set delivered to my house?
　　テレビを私の自宅まで配達してもらえますか？《店で》
I'd like to get my waist size checked.
　　ウエストの寸法を測ってもらいたいのですが。《ブティックなどで》
My daughter got her fingers caught in the train door.
　　私の娘は電車のドアに指をはさまれました。

- have ＋物＋過去分詞は「物を〜してもらう、させる、される」の意味です。have の代わりに get でも OK です。
- 物は自分で動くことができません。そのため、「物は〜される」という受動の関係ができ上がります。その結果、物の後は過去分詞（〜される）という形になりました。
- 会話では、have よりも get の方がよく用いられる傾向があります。

お役立ちレシピ

I cut my hair. なら、自分で自分の髪をカットしたことになります。人に切ってもらったのなら、I got[had] my hair cut. です。この違いは大きいので、ご注意。

① remodeled を painted にすると、「ペンキを塗ってもらった」となります。

② I'll を取って、Have the job done by tomorrow. と相手に向かって言うと、「明日までに仕事を済ませなさい」という命令文になります。

③「ちょっとどうしたの？　あなたの目、赤いよ。一度、診てもらいなさいよ」と言うときに。

④ この I had 物 stolen.（私は物を盗まれた）という言い方は、お役立ち。過去のことなので、had になります。got も OK。

⑤ パスポートやカードは紛失したら、大変です。すぐ大使館に連絡。reissue〈リーイシュー〉（…を再発行する）

I had my credit card stolen.
私はクレジットカードを盗まれた。

What kind of flower is that?

あれは何という種類の花ですか？

What kind of 〜？（どんな種類の〜？）

ここで使っている kind は「親切な」ではなく、「種類」という意味の名詞です。What kind of 〜で「どんな種類の、どのような、どんなタイプの」などの意味になります。

① **What kind of person is your fiancé?**
あなたの婚約者はどんな方ですか？

② **What kind of pants are in style now?**
今、どんなパンツが流行ってるの？

③ **What sort of job are you looking for?**
どんな仕事を探しているのですか？

④ **What kind of desserts do you have?**
どんな種類のデザートがありますか？

⑤ **What genre of novel do you want?**
どんなジャンルの小説がお望みですか？

 さらに応用 ステップアップ

What kind of shoes do you like?
どんなタイプの靴が好きですか？

Which part of England are they from?
彼らはイングランドのどの地方の出身ですか？

By what sort of train are you going to travel in Canada?
どんな種類の列車でカナダ旅行をする予定ですか？
・By〜（〜によって）

・「どんな種類の～?」と聞くときには、What sort of ～も使われます。sort も「種類、タイプ」の意味です。

・What / Which part of America are you from?（あなたはアメリカのどちらの(地方の)ご出身ですか?）という表現もこのバリエーションです。

お役立ちレシピ

What color do you like? (何色が好き?)や、What shape is it? (それはどんな形をしていますか?)のように、What+名詞で色々な表現ができます。

① What's your fiancé like? とも言えます。お相手の方は、どういう人ですか?と聞きたくなりますものね。
fiancé 〈フィーアーンセィ〉((女性から見た)婚約者)《フランス語》

② in style は「流行して」(= in fashion) という意味。返答は、Narrow pants are. (細いズボンです。) / Full pants are. (ゆったりしたズボンです。) のように。

③「探している」という意味なので、進行形になっています。kind の代わりに sort を使ってみました。

④ ケーキ、パイ、アイスクリーム、プディング、ゼリー、果物など。dessert は、〈ディザート〉と発音。アクセントの位置に注意。

⑤ genre〈ジャーンラ〉(ジャンル)を使ってみました。「ジャンル」って、もとはフランス語からなんですよ。ご存知でしたか?

What kind of music do you like?
どんな種類の音楽が好きですか?

"How far is it from the station?"
"About 2 kilometers."

「駅からどのくらいの距離ですか？」「約2キロメートルです」

How far 〜 ?（どれくらい（遠く）か？）

How far は、現在地や、ある地点から目的地までの「2点間の距離」を尋ねるときに用います。

① **How far is the shopping mall?**

　ショッピングモールまでの距離は？

② **How far is Osaka Castle Park from here?**

　ここから大坂城公園まで距離はどのくらいですか？

③ **How far is it from the station to Mond Hotel?**

　駅からモンドホテルまでどれくらいありますか？

④ **How far are you going for a drive today?**

　今日は、どこまでドライブに行くんだい？

⑤ **How late is this shop open?**

　このお店は何時まで開いているの？

さらに応用 ステップアップ

How early are you open?

　何時から開いているのですか？《店などで》

I don't know how far to trust him.

　彼をどこまで信用できるか私にはわからない。

"How often do you see her?" "About three times a month."

　「彼女にはどれくらい会ってるの？」「月に3回くらいです」

- How far は「どれくらい遠くなのか」という意味ですが、近くの距離を聞くときでも、この How far を使って構わないのです。それは、3歳の子供のことを three years old という場合の old と同じような言い方と思えばよいでしょう。
- How late（どれくらい遅くまで）/ How early（どれくらい早く）
  How late do you work today?（今日は何時まで仕事なの？）
  How early do you leave home?（どれくらい早く家を出るの？）

お役立ちレシピ

How often（何回くらい）は、「どれくらいの頻度で」の意味です。
How often do you go there?（そこへ何回行きますか？）

① How far is ○○ ?（○○までの距離は？）の○○に、行き先の the main street（大通り）、the nearest station（最寄り駅）、the airport（空港）などを入れてお使いください。

② It's just one kilometer away.（ちょうど1キロメートルですよ。）のように答えます。from here は省略しても OK です。

③ from A to B（A から B まで）は、2点間の距離を聞くときのフレーズ。It's a ten-minute walk.（歩いて10分の距離です。）のように答えます。

④ こう聞けば、相手は To my uncle's.（おじのところまで。）などと答えてくれるでしょう。

⑤ How late are you open? とも言います。How late（どれくらい遅くまで→いつまで）。返答は It's open till 9 p.m.（午後9時迄です。）のように。

How far is the shopping mall?
ショッピングモールまでの距離は？

How long is the wait?

待ち時間はどれくらいですか？　・wait（待ち時間）

How long？ （どのくらい？）

How long は、何かにかかる時間や、乗り物や歩いたときに
「どのくらいかかるか？」という所要時間、滞在している期間などを
聞くときに使う表現です。

① **How long are you going to stay in Tokyo?**
あなたは東京にどのくらい滞在のご予定ですか？

② **How long have you been living in Japan?**
あなたは日本にどのくらい住んでいるのですか？

③ **How long does it take from here to the station on foot?**
ここから駅まで徒歩でどれくらいかかりますか？

④ **How soon does the next bus leave?**
次のバスは、あとどのくらいで出発しますか？

⑤ **How soon can I start working here?**
早くていつから、ここで働けますか？

さらに応用 ステップアップ

How long will it take to finish the work?
その仕事を終えるのにどのくらいかかる？《会社などで》
I'm not sure how long it will take.
どのくらい時間がかかるのか、よくわかりません。
"How soon will you be back?" "I'll be back as soon as possible."
「どれくらいで戻ってくる？」「できるだけ早く戻ります」

- ・How long（どのくらい）は、「何分、何日、何ヶ月、何年など」の時間や期間を聞くときに使う表現です。
- ・How long have you been in Kyoto?（いつから京都におられるのですか？）のように、How long は「いつから」の意味にもなります。

お役立ちレシピ

How long is that desk?（あの机は、どれくらいの長さですか？）のように、How long は物の長さを尋ねるときにも使えます。

① For one month.（1か月だよ。）/ For two or three weeks.（2、3週間の予定です。）などと答えます。この For は「…の間」の意味。

② have you been ～ ing（ずっと～している）という現在完了進行形で尋ねています。相手は For three years.（3年です。）などと返答してくれるでしょう。

③ How long does it take?（どれくらい時間がかかるか？）を覚えておきましょう。この take は「(時間)がかかる」です。
on foot（徒歩で）/ by bicycle[bike]（自転車で）

④ How soon は「今からどれくらいすぐに」という意味なので、バスや電車の発車時刻や、開演・開始時刻を尋ねるときなどに役立ちます。

⑤ 勤務開始日を尋ねるときです。How soon に can が加わると、「どのくらい早く～できますか？」という意味になります。

How long are you going to stay in Tokyo?
あなたは東京にどのくらい
滞在のご予定ですか？

Why don't you take a rest?

ひと休みしたらどうですか？

Why don't you+ 動詞の原形～？

（～してはどうですか？）

Why don't you ～? は「～してはどう？、～してみたら？」の意味で、提案や勧誘をするときに用います。

① **Why don't you come over next Tuesday?**

今度の火曜日にうちに遊びに来ない？

② **Why don't you talk to her directly?**

彼女と直接話してみたら？

③ **Why not take a short break?**

ちょっと休憩したらどうですか？

④ **Why not ask Goro out for a meal?**

五郎を食事に誘ってみたら？

⑤ **Why don't we share a taxi to the clinic?**

クリニックまでタクシーをご一緒しませんか？

さらに応用 ステップアップ

Why don't you take your raincoat just in case?

念のため、レインコートを持って行ったら？ ・(just) in case（万一に備えて）

"Why don't we drop in at a coffee shop?" " That's a good idea."

「喫茶店に寄っていかない？」「いいね」 ・coffee house[bar]《英》

Why not get together tonight for a chat?

今晩、集まっておしゃべりしない？

- Why don't you 〜 ? は、「どうしてあなたは〜しないのか？」が文字通りの意味ですが、助言や、提案、勧誘など、相手にある行為を申し出る言い方です。
- How [What] about 〜 ing? / What do you say to 〜 ing? （〜するのはどうですか？、〜しませんか？）も、ほぼ同じ意味になります。

お役立ちレシピ

Why not? には、次のように2通りの意味があるので、ご注意！
- How about a walk?—Why not? （散歩に行かない？—いいとも。《賛成》）
- Don't touch.—Why not? （手を触れてはいけません。—なぜ、いけないの？）

① 日常の会話では、Why don't you 〜 ? をひとまとめにして、「(ホ)ワイドゥンチュー」と発音します。

② Why don't you 〜 ? （〜してはどうですか？）は、提案や誘いを表す文です。「なぜしないの？→してみたら？」という内容です。

③ Why not ＋ 動詞の原形〜 ? は、Why don't you 〜 ? を縮めた言い方。tea[coffee]break（お茶[コーヒー]休憩）、snack break（おやつ休憩）、bathroom break（トイレ休憩）なども。

④ Why not は、「(ホ)ワイノット」、または「(ホ)ワイナット」と発音されます。ask（人）out で「人を（食事などに）誘う、招く」になります。

⑤ Why don't we 〜 ? は、「一緒に〜しませんか？」と相手を誘う表現。自分も入るので we になっています。share（…をともにする、共有[用]する）には、こういう使い方もあるのです。

Why don't you talk to her directly?
彼女と直接話してみたら？

Having fun? ↗

楽しくやってる？

動詞 + ing…?

（…していますか？ / …するの？）

英語の -ing 形が「〜している」という進行形を表すことはご存知でしょう。
ここでは、その -ing をメインにした会話文の作り方をご紹介していきます。

① **Having a happy time?** ↗

楽しくやってるかい？

② **Leaving so soon?** ↗

もう帰るの？

③ **Going anywhere for the three-day weekend from tomorrow?** ↗

明日からの3連休には、どこかへ行くの？

④ **Looking forward to some time off?** ↗

休みが取れるのを楽しみにしているかい？

⑤ **Living in Japan for a long time?** ↗

日本に長く住んでいるのですか？

 さらに応用 ステップアップ

Having a drinking party for the weekend? ↗

週末に、飲み会するの？

Dating Teruhiko twice a week, really? ↗

輝彦と週に2回デートしてるって、本当なの？

Always eating natto for breakfast? ↗

いつも朝食に納豆を食べてるって？

・-ing から始まる英文では、文の後ろを上げ調子↗で発話すると、相手に対して尋ねる内容になり、下げ調子↘で言うと、I（私）のことになるという特徴があります。

・会話の基本は「私」と「あなた」です。面と向かって会話をしているときは、I や You がなくてもわかるので、このように、主語を省略することもあるのです。

お役立ちレシピ

④の look forward to のあとには動詞の-ing 形もOK です。
I'm looking forward to seeing you again.
（またあなたにお会いするのを楽しみにしています。）

① 文尾を上げ調子で発音すると Are you の省略になり、文尾を下げて言うと、I'm の省略で、「私は楽しくやっていますよ」の意味になります。

② (Are you) leaving so soon?「もう帰っちゃうの？」という残念な気持ちが、進行形と so soon（そんなに早く）に出ているでしょう。

③ (Are you) going anywhere ～ ? の Are you を省略した言い方です。「これから～する」という近い未来を表しています。

④ 文尾を下げ調子で言うと、話し手の「私」のことになります。look forward to + 名詞は、「…を楽しみにして待つ」という意味。

⑤ (Have you been) living in Japan for a long time? という内容です。have been-ing は現在完了進行形で、「（今まで）ずっと～している」の意味。

Having a happy time?
楽しくやってるかい？

Part2
英会話力ぐぐっとアップ！おすすめの㊙レシピ

接続詞で「連結英会話」！

販売員 吉岡健次（よしおか けんじ）
28歳　大型紳士服店勤務5年目

　僕は現在、埼玉県の郊外にある大型紳士服店に勤務しています。スーツ、上着、ズボン、ワイシャツコーナーを担当しているので、お客様は男性や家族連れの方々がほとんどです。

　駅から近いということもあって、外国からのお客様も結構多く来られます。外国のお客様との接客は、もちろん英語ということになるのですが、どちらかというと、僕は英語が不得手なほうなんです。

　そのため、海外からのお客様には、単語をいくつかつなげて、なんとか意思疎通をはかっているといったところでした。

　とは言え、単語だけではこちらの言わんとする内容が上手く伝わらないことも多々あります。

　「ふだん着るものなので」とか、「フォーマルな装いの時」といったことをお客様に話す機会が多いのですが、この「…なので」や「…の時」のような理由や時を表す言葉が会話中に出てこないと、本当に困ったことになります。

　それで、英語に強い上司に相談をしたところ、必要な接続詞の使い方を教えてもらったのです。使い方は、案ずるよりも産むが易しでした。

　例えば、理由を表す場合なら、日本語の「…なので」にあたるSince を文のアタマにもってくるだけでいいのです。しかも日常的によく使うものは、数が限られているので、いくつかを覚えこんでしまえば、必要に応じて発話できるようになります。

　みなさんも接続詞をどしどし使っていってください。英会話の伝達範囲が、ぱあっと広がりますよ。

『接続詞』を使った英会話

これで、どんな状況・場面にもすぐ対応できるようになる !!

📖 「接続詞」って、何なの？

　例えば、「4時頃に彼女が来たら、この本を渡してください」を英語にするとき、

① 彼女が4時頃に来る。→ She'll come around four (o'clock).
② この本を渡してください。→ Please hand her this book.

の2つの英文が必要なことがわかります。

　ポイントは、「来たら」の「ら」です。ここでは意味上、「来たら」は「来るとき」なので、When ～（～するとき）を使って、
When <u>she comes</u> around four (o'clock), please hand her this book.
とします。この When（～するとき）のように、**文と文を結びつける役割をするものを「接続詞」**と呼びます。

　　　　　➡下線部が現在形になる理由は、P.226 で詳しく説明します。

　接続詞を用いると、より一層、具体的な表現ができるようになるので、相手に伝えたいことがスムーズに言えるようになります。
　つまり、接続詞は、会話に必要な内容を正確に伝える役目を果たしてくれるのです。
　これから、英会話でよく用いられる接続詞をパターン公式化して、ご紹介していきますので、ぜひ、使い方を覚えていってくださいね。

「接続詞」❶ Since 〜 (〜なので)
よく使う頻度 ★★★★★

→ Since 主語(S)＋動詞(V)〜, S＋V....
　（S が〜なので、S は...する。）

・・・・・・・・・・・・・・・・・・・・・・・・・・・・・・・・・・・・・・・

Since I'm not feeling well, I'll leave early today.
体調がよくないので、今日は早退します。

・・・・・・・・・・・・・・・・・・・・・・・・・・・・・・・・・・・・・・・

🍎 文頭から開始するので、使いやすい
Since は文の最初に置いて、「○○なので、□□します」という
ように、ある理由のために「こうする [なった]」を伝える時に
使います。

◎理由を表す接続詞には because や as もありますが、because
は文の後半に置かれることが多く、as は他にも色々な意味を持
っているため、since のほうをオススメします。

I missed the train because I was caught in a traffic jam.
交通渋滞に巻き込まれたため、電車に乗り遅れてしまいました。

As she wasn't in, I left a message.
彼女がいなかったので、伝言を残しておきました。

📖 since は、because よりも理由・原因の意味が軽く、話し相手がす
でに知っていることや、見てわかること、大体予測がつくことなどを
理由として述べるときに多く用いられ、特にアメリカで好まれていま
す。

✏️ 会話でよく使うのはコレ！

Since **I was in the same section as Sakura, I know her well.**

同じセクションにいたので、桜のことはよく知っています。

Since **I have no time, I can't take the job.**

私には時間がないので、その仕事を引き受けられません。

（＝**I have no time, so I can't take the job.**）

▶ 会話では、so（それで）もよく使われます。so の前に原因が来ます。

📖 since には「〜して以来ずっと、〜から今まで」の意味も。

We have known each other since **we were kids.**

私たちは子供の頃からずっとお互いに知っています。

How long is it since **you came here?**

ここに来てから、どのくらいになりますか？

😊 英語で言ってみよう！（Answer は下段に）

ちょうど今は、あまり忙しくないので、事務所をぬけ出せるよ。

ヒント 「あまり忙しくない」not very busy

「〜を抜け出す」get away from 〜

Answer ・・・

Since I'm not very busy now, I can get away from my office.

When 〜 (〜するとき)

→ When 主語(S)＋動詞(V)〜, S＋V....
（S が〜するとき、S は...する。）

• •

When **I was a child, I coudn't swim.**

私は子供のとき、泳げなかった。

• •

🍎 「〜するとき、〜したら」は when で表すことができます。次のように when S + V 〜の文を後に置いても、意味は同じです。

I couldn't swim when I was a child.

😊 **When を使って英文を作ってみよう**

私は帰宅したら、すぐ寝ます。

When I get home, I'll go straight to bed.

　　　└ ここにwillを入れない!

• •

✏️ **ココ 注意して！**

「When I will get home」とは言いません。「時」を表す接続詞の文中では、未来のことでも現在形で表現するというルールがあるからです。

疑問 それじゃあ、うしろの文はどうなるの？

Ans. うしろの文は、ふつう通り、未来形を使ってください。

もちろん、I'll go straight to bed when I get home. としても OK。

• •

📖 when には「〜するときはいつでも」の意味も。

Come when you like.

好きなとき、いつでもいらっしゃい。

✏️ **会話でよく使うのはコレ！**

When **she comes back, I'll ask her about it.**

（＝**I'll ask her about it** when **she comes back.**）

彼女が戻ってきたら、それについて聞いてみよう。

When **you're finished, please call me.**

（＝**Please call me** when **you're finished.**）

終わったら、呼んで。《相手が用事をしているときの声かけ》

When **I take a selfie, I always use a selfie stick.**

（＝**I always use a selfie stick** when **I take a selfie.**）

自撮りする時は、いつも自撮り棒を使います。

・selfie〈セルフィー〉(自撮り写真)

😊 **英語で言ってみよう！**（Answer は下段に）

東京駅に着いたら、電話をちょうだい。（Call から始めて）

Answer・・

Call me when you <u>arrive at</u> Tokyo Station.

➡ 下線部は get to / reach でも OK。

227

「接続詞」❸
よく使う頻度 ★★★★☆ **If 〜**（もし〜ならば）

→ **If 主語（S）＋動詞（V）〜, S＋V....**
（もし S が〜するなら、S は...する。）

・・・

If you hurry, you can catch the last bus.

急げば、最終バスに間に合いますよ。

・・・

🍎 後と前の文を入れ替えても OK

You can catch the last bus if **you hurry.**

→ if S＋V 〜の文を後に置いても、意味は同じです。

😊 **If を使って英文を作ってみよう**

もし明日、雨が降れば、私たちは家にいます。

If it rains tomorrow, we'll stay home.

　　　└ ここをwill rainとはしない!

・・・

✏ **ココ 注意して!**

「If it will rain tomorrow」とは言いません。If（もし〜ならば）
の文中では、**未来のことでも現在形で表現する**からです。

→ When 〜（〜するとき）の文と同じく、うしろの文は、未来形
を使って OK です。

・・・

✎ **会話でよく使うのはコレ！**

If **you need help, you can call me anytime.**
困ったことがあったら、いつでも電話してきてね。

If **I remember correctly, Yoko is a night person.**
たしか洋子は、夜型人間だよ。

・if I remember correctly（私の記憶が正しければ、たしか）

If **you give me a 10% discount, I'll take this ring.**
1割引にしてくれるのなら、私はこの指輪を買います。

・10%は〈テン パセント〉と発音。

If **it's convenient for you, please come to our dinner party.**
もしご都合がよろしければ、夕食会においでくださいね。

If possible, **I want to finish my report by tomorrow.**
できれば、明日までに報告書を終えたいのです。

😊 **英語で言ってみよう！**（Answer は下段に）
もしお金がないなら、少し貸してあげられるけど。

Answer ・・

If you don't have any money, I can lend you some.

「接続詞」❹

よく使う頻度 ★★★☆☆

While 〜 (〜する間に)
Before 〜 (〜する前に)
After 〜 (〜したあとに)

While 主語(S)＋動詞(V)〜, S ＋V....

(S が〜する間に、S は...する。) ※前と後の文を入れ替えても OK です。

・・・・・・・・・・・・・・・・・・・・・・・・・・・・・・・・・・

While you were out for lunch, a Mr. Watt came to see you.

(= A Mr. Watt came to see you while you were out for lunch.)

あなたが昼食に出ている間に、ワットさんとおっしゃる方が来られました。よ。　・「a ＋人名」で「〜という(名の)人」の意味になります。

・・・・・・・・・・・・・・・・・・・・・・・・・・・・・・・・・・

Before 主語(S)＋動詞(V)〜, S ＋V....

(S が〜する前に、S は...する。) ※前と後の文を入れ替えても OK です。

・・・・・・・・・・・・・・・・・・・・・・・・・・・・・・・・・・

Before we begin, let me introduce our staff members.

(= Let me introduce our staff members before we begin.)

始める前にスタッフの紹介をさせてください。

・・・・・・・・・・・・・・・・・・・・・・・・・・・・・・・・・・

After 主語(S)＋動詞(V)〜, S ＋V....

(S が〜してから、S は...する。) ※前と後の文を入れ替えても OK です。

・・・・・・・・・・・・・・・・・・・・・・・・・・・・・・・・・・

After you left, there was a home delivery.

(= There was a home delivery after you left.)

あなたが出て行ってから、宅配が来たよ。

・・・・・・・・・・・・・・・・・・・・・・・・・・・・・・・・・・

✏️ 会話でよく使うのはコレ！

While you were out, a registered parcel was sent to you.

あなたが留守の間に、書留の小包が来たよ。

You should eat soup while **it's warm.**

スープが温かいうちに飲んだほうがいいですよ。

→ スプーンでお皿からスープを飲む場合は eat、カップから直接飲む場合は drink を用います。

I'll finish my work before **I go out.**

出かける前に仕事を片付けよう。

→ before, after の中の文の動詞（下線部分）は、未来の内容でも現在形にします。

You should eat a meat dish before **it gets cold.**

肉料理が冷めないうちに食べたほうがいいですよ。

→ before ～は、「～しないうちに」の意味にもなります。

We'll begin the meeting after **the president comes.**

社長が来てから、会議を始めます。

 こんな言い方も…

After you've read it, please pass around the report.

レポートをお読みになったら、順に回してください。

・pass around（…を順々に回す）

日本語→英語のクイック変換法

店員 須藤亜矢（すどう あや）
29歳　ベーカリー販売員7年目

　私は札幌市内の地下街にあるパン屋さんに勤務して7年目になります。ここは結構大きな店で、製造から販売まで自社でおこなっています。私の仕事は販売が中心なので、毎日お客様と接しています。このところ、外国からのお客様も多くなりました。中には、日本語がまったく話せない方もおられます。接客業のため、そういったお客様には英語で対応しなければなりません。けれども、英語がそれほど得意ではない私にとっては大きなプレッシャーで、話すことに気を取られて手が止まってしまうことが、たびたびありました。特に店が混み合っているときには、並んでいるお客様を待たせるわけにはいかないので、余計に焦ってしまいます。そうなると、言いたいことが英語でうまく出てこないのです。

　そこで、これではいけない、と思い、日本語を英語にする方法を自分なりに考えて作ってみたのです。

　日本語を英訳する場合、大切なのは、自分が伝えたいことを、最も表現しやすい英語にすることだと気づきました。これは、英語を話そうとする、まさにその瞬間に、ぱっと頭に思いつく英語という意味で、言い換えると、自分が知っている英語の中から、その場で使える英語を引っぱり出す、というものです。とは言うものの、これが毎回上手くいくとは限りませんよね。実際、日本語と英語との間には、「非言語」の空間があるのですから…。

　そこで、私は自分流の『日本語から英語へのクイック変換法』を作ったのです。ちょっとカッコイイでしょう（笑）。

　私が独自に編み出した方法は、2つあります。そのうちのひとつが、これです。

〝リプレイス(和文和訳)法〟

　〝リプレイス法〟は、そのままの日本語だと英語に直せないとき、一旦、英訳しやすい別の日本語に置き換えるやり方です。

　次の例をご覧ください。店を訪れた外国人のお客様に、私がとっさに考えて言った英語です。これで十分通じましたよ。

〝リプレイス(和文和訳)法〟を使った実例を紹介！

ようこそいらっしゃいませ。
We are very happy you are here.
➡直訳は、「私たちは、あなたがここにいて、とても嬉しい」。このように置き換えると、英語にしやすくなるでしょう。

本日のオススメは、こちらです。
I hope you'll like this.
➡「本日のオススメ」が英訳できなかったので、リプレイス法を使って「あなたがこれを気に入ることを望みます」としました。もちろん、「こちら」と手で指し示すことも。

今日はサンドイッチが、お買い得になっています。
Today is a special day for sandwiches.
➡ cheap には「安物」という意味合いがあるので、避けたのですが、「お買い得」が言えずに困りました。そこで、「安い」を「ふだんとは違う→特別な」として、「今日は、サンドイッチのための特別な日です」としました。正式に「お買い得」を伝えるには、次のように言います。あとで調べました。

We are having a discount on sandwiches today.

こちら焼きたてです。

We made this bread just now. Please....

→ bake(焼く)は知っていましたが、「焼きたて」が言えなかったので、「私たちはたった今、このパンを作りました。どうぞ…」とリプレイス（変換）。・「焼きたてのパン」は fresh-baked bread、または freshly baked bread ですが、fresh bread でも通じます。
fresh coffee(淹れたてのコーヒー)、fresh eggs(生みたての卵)

当店は、今年で開業 20 年です。

Our shop is twenty years old.

→これは聞かれて、答えるのに一瞬悩みました。それで、「私どもの店は 20 歳です」とお馴染みの中学英語に変換。「今年」は言わなくてもわかるので、カットしました。この英語は、リプレイス法の最高傑作と思いますよ。

　お店が混み合う時間帯は、やっぱりお昼休みのときですね。近くにお勤めの方が正午になると、どっと来店されてレジはかなり混雑します。そんな最中に、外国人のお客様が英語で話しかけてきたり、質問を投げかけてきたりすると、手が止まって、返答用の英文を考えるのにカタまってしまうこともあります。頭の中では、今は忙しいから、英語はやめてくれー、って叫んでいます。まあ、それは本音＋冗談ですが…(笑)。
　こんな中で受け答えする英語ですから、ゆっくり考えている時間はまったくありません。こちらの意図が伝われば、単語だけでもいいのですが、毎回単語だけでは切り抜けられません。どうしても英文を作らなければならない場合が多々あります。そこで、私はもうひとつの方法も考えついたのです。

〝リバーシブル(裏返し同意)法〟

仕事の途中でちょっと席を離れるとき、その間に、他人にパソコンを使われたくない。そんなとき、置いていくメモには2通りの表現ができます。

① Don't use this personal computer.
　このパソコンを使わないで。

② Please use another personal computer.
　別のパソコンを使ってください。

①は否定命令文、②は肯定形の丁寧な命令文ですが、どちらも同じ内容を伝えています。このように、自分の言いたい内容は、「否定⇔肯定」の逆パターンに切り替えて同意内容を伝えることができるのです。私は、これを〝リバーシブル法〟と名付けました。この方法を使うと、日本文をそのまま英訳するための表現が頭に浮かんでこないときでも、即座に切り返すことができるようになります。

〈肯定⇔否定〉
・汚れている dirty ⇔ きれいではない not clean
・仕事をサボった skipped work ⇔ 働かなかった didn't work

This coupon was valid until yesterday.
　このクーポン券は昨日までです。

▶ valid(有効な)が思いつかないときには、次のようにします。

↓

You cannot use this coupon today.
　このクーポン券は、今日は使えません。

▶ You を主語にして否定文にすると、英訳しやすくなります。

〝リバーシブル（裏返し同意）法〞を使った実例を公開！

（ポイントカードの）入会資格に、年齢制限はありません。
Everyone can get membership.

→ membership（会員資格）という語を思いつきましたが、「年齢制限は
　ありません」に手こずりそうです。そこで、「誰でもメンバーシッ
　プを手に入れられる」と切り替えました。Anyone でも OK です。

メロンパンはお一人様、5個までです。
You can get only five melon bread.

→「1人、5個まで」は、up to five pieces per person ですが、これ
　が思いつかなかったので、only を使ってこのように表現しました。
　at a time（1度に）を後に付けるとベターですね。

申し訳ありませんが、当店は現金のみのお取り扱いです。
I'm sorry, but you cannot use credit cards here.

→ only cash はすぐに出ましたが、「取り扱い」で思考がストップ。そ
　こで、「ここではクレジットカードは使えません」に切り替えました。
　肯定形なら、I'm sorry, but we accept only cash. となります。

・accept（…を受け入れる）、get でも OK。

英語を話す時間レシピ

東京交通社員 寺田優理子（てらだ ゆりこ）
30歳　観光バスガイド8年目

　私は、東京に本社があるバス会社の社員で、バスガイドをしています。ふだんの勤務は日帰りツアーがほとんどですが、現地に宿泊する観光プランも、ひと月に一度くらいの割合でまわってきます。

　昭和の時代なら、観光バスというと、お客様は年配の日本人の方々というイメージがありましたが、最近は外国のお客様も結構見かけるようになりました。英語がそれほど得意ではない私ですが、行き先案内や観光スポットくらいなら、英単語と片言のセンテンス（メモを見ながらですが）でなんとか通じています。

　とは言うものの、こちらが想定していないことを英語で聞かれると、上手く返答できないこともしばしばあります。そのため、勤務中は気が抜けず、たいへんと言えば、大変です。

　ふだんはこのような仕事をしている私ですが、業務のあとや、休みの日には、愛犬を連れて、気分転換に、自宅近くの池がある公園へ散歩に行くのが習慣になっています。この公園は、一周が約800メートルあり、池の周りをジョギングしたり、散歩したりしている外国人の方々によく出会います。

　実は、ここで、私は密かに英会話の練習をしているのです。どうやるかというと、一緒に連れている愛犬の頭をなでてくれたり、犬に興味を示したりしてくれる外国人に、こちらから声掛けをして、いくつかの質問をしていくのです。そうやって相手の返答を引き出しながら、会話をしていくのですが、この会話には、私だけの〝ある秘密の仕掛け〟が隠されているのです。

　それは、〝英語を話す時間レシピ〟をあらかじめ作っておいて、そのレシピパターンに沿って話す、というものです。

このレシピは5パターンくらいあって、話を切り上げるまでの時間設定が2分ほどの、ごく短いものから、3分、4分、5分、10分…というように、ちょっと長いものまで用意してあるのです。今の私の実力では、初対面の相手とぶっつけ本番で、英語で話をするのは無理があります。そこで、話す内容を前もって用意しておくという方法を思いついたのです。犬という接点が会話のきっかけになるということを知ったのは、偶然でしたが…（笑）。

　こうやって、外国の方々と英語を話す機会をもっていけば、少しずつでも英語力が身に付いてくるだろうと思っています。

〝英語を話す時間レシピ〟［予定時間：10分］

① 声掛けと挨拶。
② あなたは犬が好きですか？
③ ご出身はどちらですか？
④ 日本にどれくらいいるのですか？
⑤ この近くに住んでいるのですか？
⑥ 日本の生活はいかがですか？
⑦ 日本の食べ物は好きですか？
⑧ 日本のどこへ行きましたか？
⑨ 日本で（過ごしている時間を）楽しんでいますか？
⑩ 日本語は話せますか？
⑪ 話の切り上げ。別れの挨拶。

　これが大体の基本パターンになります。時間は、一応10分を目安に設定していますが、相手の受け答えの長さや、問いかけが割り込んでくることによって、いくらか延びる場合もあり得ると思っておいてください。

①〜⑪の英文は会話の定型パターンとして用意をしておくと、外国人と英語で話すときに焦(あせ)らなくてすみます。私はこの中から、いくつかを選んだり、順番を入れ替えたり、⑧と⑩をカットしたりして、時間の調整をしています。みなさんもご自由に組み合わせを考えたり、新たな内容を加えたりしていってください。

　自分流の発話パターンを持っていると、それが英会話の種火(たねび)となって、どんどん膨(ふく)らんでいくのですよ。

　では、私が作った〝時間レシピ〟の英訳版と、その詳しい解説をこれからお見せしますね。

〝英語を話す時間レシピ〟
英語 & 解説編［予定時間：10分］

① こんにちは。私は、寺田優理子です。初めまして。

Hello. I'm Yuriko Terada. Nice to meet you!

→声掛けの挨拶は Hi. でも OK。自分の名前は、I'm Yuriko. のように given name（名）だけでも構いません。「初めまして」のフルセンテンスは、It's nice to meet you!。meet を使っているのは、初対面だからです。2度目以降は see になります。

② あなたは犬が好きですか？

Do you like dogs?

→ Are you a dog lover? というしゃれた言い方もあります。

a dog lover は、「犬好きの人」という意味です。

ちなみに、私はイケメン lover です（笑）。

③ ご出身はどちらですか？

Where are you from?

➡中学で習ったおなじみの定型文です。

このあとに May I ask? ↗を添えると、丁寧な聞き方になります。

これは私が発明しました。(笑)

④ 日本にどれくらいいるのですか？

How long have you been living in Japan?

➡これが定型文ですが、Living in Japan for a long time?（長い間、日本で生活しているのですか？）という、くだけた言い方もあります。

私はこれを好んで使っています。living を staying にしても OK です。

▶ …ing から始まる英文については、P.218 を参照。

⑤ この近くに住んでいるのですか？

Do you live near here?

➡もっと簡単に Living near? ↗とも言えます。near だけでも「この近くに」の意味になります。around here（このあたり）という言い方も OK。Where do you live? は、初対面の人にちょっとぶしつけな響きがあるので、意図的に避けました。「お住まいは、この近くですか？」のほうがソフトでしょう。

⑥ 日本の生活はいかがですか？

How do you like living in Japan?

➡ How do you like…? は、「…はどうですか（気に入りましたか）？」という決まり文句。覚えておきましょう。

⑦ 日本の食べ物は、お好きですか？

Do you like Japanese food?

→話の流れから、こう尋ねても不自然さはありませんね。⑥の定型文
にはめ込んで、How do you like Japanese food? とも言えます。

⑧ 日本のどこへ行きましたか？

Where did you go in Japan?

→具体的な地名を聞く場合には、Have you been to Kanazawa?（金沢
へ行ったことはありますか？）のように言います。

⑨ 日本で楽しくやっていますか？

Are you enjoying your time in Japan?

→このように進行形で聞くのがポイントです。

⑩ 日本語は話せますか？

Do you speak Japanese?

→初対面で Can you ～? は相手に失礼になる場合があるので、
Do you ～? にしましょう。私は、Speaking Japanese, O.K.?↗
というくだけた言い方をしています。

⑪ あなたとお話しできて嬉しかったです。ありがとうございま
した。

(It's been) Nice talking to you! Thank you.

→あなたとの会話が楽しかった、という会話の締めくくりの定型文で
す。talking と…ing 形になります。Nice meeting you.（お会いでき
てよかったです。）と言っても OK。会話に付き合ってくれたお礼を
お忘れなく！

〝英語を話す時間レシピ〟を使った実例を公開！

状況：犬の頭を撫でてくれたオーストラリア人女性との会話

→ Y は私（優理子）、F は Foreigner（外国人）　　［予定時間：10分］

Y：Hello, Miss. ↗ I'm Yuriko Terada. Nice to meet you!

F：I'm Jane Milton. Nice to meet you, too!

Y：Are you a dog-lover? ↗

F：Yes, I like dogs so much.

Y：Where are you from?

F：From Australia.

Y：Oh, Australia. Australia is famous for koalas and kangaroos.

F：Yes, you know about Australia very well.

Y：Well, I learned a little about Australia when I was a junior high school student. Living in Japan for a long time? ↗

F：I've been living here for three years.

Y：Oh, three years? ↗ Living near here? ↗

F：Yes, I live near here.

Y：How do you like living in Japan?

F：Well, I like it very much.（このあとの英語は、聞き取れなかった）

Y：Do you like Japanese food? ↗

F：Yes, very good. Especially I like sushi.

Y：Oh, do you? ↗ Me, too. Speaking Japanese OK? ↗

F：Only a little.（これに続けて、日本語で「ちょっと」と言ってくれた）

Y：Your speaking Japanese is so good.

F：Thank you. I'm so glad to hear that.

Y：Nice talking to you! Thank you so much. Bye!

F：Bye!

［日本語訳］

Y：こんにちは。私は寺田優理子です。初めまして！

F：私はジェーン・ミルトンです。こちらこそ、初めまして！

Y：犬がお好きですか？

F：ええ、大好きよ。

Y：出身はどちらですか？

F：オーストラリアです。

Y：ああ、オーストラリアですか。コアラとカンガルーで有名ですね。

F：ええ、オーストラリアについてよくご存知ですね。

Y：はい、中学生のときに、オーストラリアについて少し教わりました。
　　日本に住んで長いのですか？

F：そうねえ、3年になるわ。（three が「シュリー」と聞こえた）

Y：へえ、3年。お住まいはこの近くですか？

F：ええ、近くよ。（このあと、「3丁目」という言葉が出た）

Y：日本の暮らしはいかがですか？

F：とても気に入っているわ。

Y：和食はお好きですか？

F：はい、大好きです。特にお寿司が好きよ。

Y：あら、そうなのですか。私も好きですよ。日本語は話せますか？

F：（微笑みながら）ほんのちょっと。

Y：あなたの（話す）日本語はとても上手ですよ。

F：ありがとう。そう言ってもらってとても嬉しいわ。

Y：あなたとお話しできて嬉しかったです。ありがとう。さようなら。

F：じゃあ、さようなら。

［感想］

　相手の方は、30代くらいの素敵なオーストラリア人女性で、とても気さくで話しやすかったですよ。名前は、もしかしたら、「ミルト」かも…。とりあえず、Milton にしておきます。

　出身国を聞いたあと、相手の国について知っていることを喋れると、話の流れがスムーズにいくだろうなと思いました。オーストラリアは、コアラとカンガルーが有名なので、すぐに返せたのですが、これが他の国だったらと思うと…（苦笑）。

　アドバイスですが、Living in Japan for a long time?↗のように、普通の文でも、後ろを上げて発音すると、疑問文になるので、便利ですよ。

　気をつかったのは、話の流れです。こちらからの質問文の内容が次につながるように考えました。このような〝時間レシピ〟を用意しておくと、英語を話すときに慌てなくてすむのが、最大のメリットです。

　よかったら、みなさんも、このような英会話用のレシピを自作してみてください。そうすると、英語を話すのが何倍も楽しくなりますよ。

Part3
英会話力がさらにアップ！おすすめの㊙レシピ

魔法の漢字でネイティブ発音

高校教員 国武美穂（くにたけ みほ）
35歳　高校英語教師12年目

　高校で英語を教えていて生徒たちからよく聞かれる質問は、ど うすれば英語圏の人のような発音が出来るようになるのか、つな がる音（リエゾン）をうまく習得する方法は？というものです。

　そう尋ねられるたびに、私は「学校に来てくれているネイティ ブ教員の発音をしっかり聞いて耳を慣らすことね」と言っていま した。ですが、それは誰でも思いつくことで、教員としての工夫 や知恵が少しもないため、心の中では、いつもモヤモヤしたもの があったのです。

　あ、申し遅れました。私は都内の私立高校で英語の教員をして います。大学を出て新卒で採用されてから、今年で12年目にな ります。担当は、コミュニケーション英語と英語表現です。

　先程の話に戻ります。生徒たちからの疑問に、はっきりと答え られないもどかしさを抱えつつ、私は日々の業務に忙殺される毎 日を過ごしていました。そんなある日、春休みに入る直前に、私 は教頭に呼ばれたのです。

　何かなと思って行ってみると、教頭の話は、地元の高齢者の方々 からの要望で、本校のカナダ人教員Jeff（ジェフ）と一緒に英会 話の特別授業をしてもらいたい、というものでした。期間は終業 式後の1週間ほどで、施設に入っている方々や老人会からの希望 者が来校して英会話を習うとのことでした。毎日午後3時から1 時間、基本的な挨拶や簡単な日常会話を教えるというもので、生 徒のクラブ活動を担当していない私と常勤教員ジェフが選ばれた と説明を受けました。

　そこで、早速ジェフと打ち合わせをして最初の授業に臨みまし た。室内には50人近くの方々が来られていて満杯状態だったの

で、参加者はせいぜい20名くらいだろうと思っていた私は驚きました。

　驚いたことは、もうひとつありました。皆さん、とても熱心で、ネイティブ教員のジェフと補助の私の説明を真剣に聴いてくださるのです。配ったプリントに印刷された英文の読み方を口ずさみながら、**カタカナでメモ**していく様子が見えました。

　そうやって授業は順調に進んでいったのですが、3日目に、あることが起きました。それは発音に関することでした。

　<u>英文の上に書き込んだカタカナ発音では、拾い読みをしなければならない煩（わずら）わしさがあり、面白味がない</u>という指摘が出たのです。

　確かにその通りで、皆のモチベーションが次第に下がっていくのが、私にもわかりました。英語から長い間遠ざかっていた人々に発音を覚えてもらうためには、読み方を記（しる）すことが一助になるとは思うのですが、カタカナを読むだけではどうしても飽（あ）きてくるのです。どうしよう、困ったなあ、と私が悩んでいると、前列右端に座っていた、83歳の女性が、「**片仮名（カタカナ）の代わりに、意味のある漢字を読み仮名にしたら、いいと思う**」と発言したのです。この方は、もと小学校の先生でした。彼女は前へ出てきて、黒板にジェフが書いた英文に、次のように漢字で読みを付けたのです。

I'm flexible.　あなたの都合に合わせます。

愛夢不歴史古（アイムフレキシブル）

　・flexibleは「柔軟な、融通がきく」の意味。

You see what I mean?↗　私の言ってること、わかる？

融資笑民（ユーシーワラミン）

これを見た瞬間、皆が「面白い！　こんなのをいっぱい作ろう」と声を上げました。私が感心したのは、単語同士の連結音が見事に再現されているところ、つまり、ネイティブの発音に近いものになっているという点です。

ここから、単調だった英会話の授業に大きな活気が出て、皆のアンコールの合唱で最終日から3日間、授業の延長をおこなったほどでした。

漢字だと、意味のない、無味乾燥なカタカナよりも読みやすく、ネイティブに近い発音が無理なくできる、というメリットがあることがわかりました。そして、何よりも、〝楽しい〟という点が大きかったですね。ジェフも大賛成してくれました。

ということで、この漢字の　㊙発音変換法〟を皆さんにご紹介します。ここでは、挨拶を中心に、会話でよく使う表現の発音を列挙します。中には、ちょっと苦しいものもありますが、気楽に笑いながら、ひとときをお楽しみください。また、英語が話されるときの音声学上の　〝英語のクセ〟について、その特徴も簡単に示しておきましたので、合わせてご参照くださいね。

まず最初に、**母音と子音**についてひと言。

英語の母音は a, i, u, e, o（ときに y）などで、日本語の「ア、イ、ウ、エ、オ」に相当します。

子音はこれらの母音以外の音で、英語では、子音が2つ(以上)続くことがあります。

次に英語が話されるときに、どのような変化を起こすかについて、代表的なものをルールと例を示してご説明します。

「音がひっつく」これを知れば、発音力が飛躍的に Up する！

ルール1 子音と母音が連結

最後の子音と次の語の始めの母音がひっつく

run ＋ away → run away

ラン　アウェイ　ラナウェイ

watch ＋ out → watch out

ウォッチ　アウト　ウォッチャウ(ト)

Not ＋ at ＋ all. → Not at all.

ノット アト オール　ノッタットー(ル)

　英語を意識的にゆっくり話すときには、単語がひとつずつ発音されるような言い方になるため、母音や子音がはっきりする傾向があります。これは英単語を丁寧に発音するのと似ています。

　しかし、実際の日常会話で話される英語は、話すリズムやテンポ、速度などの影響で、まるで<u>二つ以上の語がつながっているように聞こえてきます</u>。これは、前の語の最後の音と次の語の最初の音がひっついて発音されるためで、会話英語の特徴にもなっています。この単語同士の連結は、**子音で終わる語のあとに母音が来るとき**に起きます。

put ＋ on　→ put on　　　　　put の t は子音、on の o は母音。

プット オン → プトン

come ＋ again　→ come again　　come の m は子音、

カム　　アゲイン →　カマゲイン　　again の a は母音。

・come の e は黙字(発音しない字)

「音が消える」これを知ると、聴き取り力も Up する！

ルール2 発音されない音がある

子音が聞こえないくらい弱くなる

Come ＋ along. → Come along. 〔gが消える。〕

　カム　　アロング　　カマロン

Come ＋ and ＋ see ＋ me. → Come and see me. 〔dが消える。〕

　カム　　アンド　スィー　ミー　　カマンスィーミー

▶ アメリカの会話では、この and が省略されることがあります。

　朝の挨拶 Good morning. は「グッドモーニング」ですが、ふだんの会話では「グモーニン（グ）」と発音されています。このとき、「グッド」の「ド」が消えてしまいます。「お休みなさい」の Good night.「グッナイ」も同様で、night の最後の t が消音となります。

　I don't know. では、don't の t が消音に近くなって「アイドンノウ」に聞こえることはご存知でしょう。

　このように、英語では単語の語尾や途中の子音が消えることや、弱くなって聞こえにくくなることがよくあります。特に同じ音や似ている音が続くときにつながって発音されると、音が溶け込んで消えてしまうのです。その例をいくつか示します。色の付いているところがつながる部分です。

［前の語の子音と次の語の子音がひっつく］

get to　ゲットゥー		get back　ゲッバァッ	
hot tea　ホッティー		take care　テイケア	
good doctor　グッダクター		good timing　グッタイミン（グ）	
this store　ディストー		nice song　ナイソン（グ）	

「音が変化する」化学変化が音にも起きる。

ルール3 音の同化

語尾の音が言いやすいように変化する

Did ＋ you → Did you
ディドゥ ユー ディジュー
give ＋ me → give me
ギブ ミー ギミー

　英語には、文中で続く2つの音同士がひっついて似た音になったり、互いに影響を及ぼして片方の語、あるいは両方の語の音が変化したりする現象があります。これは話す際に、ひっかかるような発音を言いやすいように微調整することによって起きる現象で、音の「同化」と呼ばれます。いくつかの例をここに示します。

・破裂音 [d(ドゥ)] で終わる語のあとに you が続くと、「ジュ」に近い音になります。

　Did you 〜 ?　　　　ディジュー
　Could you 〜 ?　　　クッジュー
　Would you 〜 ?　　　ウッジュー
　hand you 〜　　　　ハンジュー

・give の [v] がそのあとに続く me の [m] に吸収されたようになって、gimme（ギミー）と聞こえます。

　give me 〜　ギミー

・摩擦音 [s] で終わる語のあとに you がくると、「シュ」に近い音に変化します。

　I'll toss you the ball.　トシュー
　（ボールを君にトスするよ。）

〝魔法の漢字でネイティブ発音〟実践編

「こじつけの説明」は、私が勝手にイタズラ心で書いたものなので、気にしないでくださいね（笑）。

・ 赤文字のところがひっつく傾向になります。

How about you?　君はどうだい？　　**こじつけ説明**

這う場宇宙（ハウバウチュウ）　　宇宙で這う場所のこと
は

➡「ハウ アバウト ユー」の3語がひっついて、こう聞こえます。「ハウバウチュウ」の「バ」を強めて発音してください。

I'm glad to meet you.　はじめまして、お会いして嬉しいです。

愛夢倉留中（アイムグラトメチュウ）　　倉留中という中学校を夢で愛する

➡ご存知、初対面のときの定番の挨拶です。glad to meet you を「グラッド トゥー ミート ユー」ではなく、ひっつけて「グラトメチュウ」と発音します。笑顔と共に言うと、通じる可能性は大です。

So happy to meet you.　お目にかかれてとても嬉しいです。

僧法被富中（ソウハッピ トミチュウ）　　ハッピを着た僧侶と富中学校

➡ I'm が省略されています。意味は I'm glad to meet you. と同じですが、so が付いている分、嬉しさを強調しています。

Nice to see you.　（また）お会いできて嬉しいです。

内酢年湯（ナイストシユ）　　酢のお湯割りを飲む年越し

➡これとは逆に、人と別れるときの「じゃあ、またね」は See you. です。日本語の「お先に失礼します」と言うときも、この See you. で OK です。

What time is it now?　何時ですか？
掘った芋いじったな？（ホワッタイモイジッタナウ）

掘り出した芋を
いじってはいけない

→ What と time がひっついて「ホワッタイム」となることはご存知でしょう。is, it, now も同じように「イズイットナウ」→「いじったな」になっていきます。外国人の方を相手に通じるかどうか、実験してみては？

Take it easy.　じゃあまたね。《米口語》
手毛理事（テケリジィ）

手に毛の生えた理事

→「テイク イット イージー」の３つの単語がつながって「テキリーズィ」のように聞こえます。この表現は、「気楽にやる」の意味ですが、別れ際の「じゃあね」の意味でもよく使われます。

What's up?　どうしたの？
わっ、熱っぷ！（ワッツァップ）

熱い物に触れたときの声

→「（最近）どう？」「どうしてる？」「元気だった？」「どう（か）したの？」などの意味で使われる挨拶文です。

What a coincidence!　何という偶然の一致だ！
綿子印市電酢（ワタコインシデンス）　綿子というハンコを市電で酢と運ぶ
→「まあ不思議な巡り合わせだこと！」という驚きの表現です。
　　・coincidence〈コウインスィデンス〉は「（偶然の）一致、符合」という意味。

How's it going?　調子はどうですか？
恥一途 強引（ハジット ゴウイン）

強引いちずで、恥ずかしい様子

→ How's it going? では、going? の最後の g の音が消えてしまいます。その結果、「ハジット ゴウイン」と聞こえるわけです。英語圏の人々の間では、How are you? よりもよく使われます。こう話しかけられたら、次のように返します。

Not bad.　悪くないですよ。

能登婆土（ノトバド）　　　　　　　　　能登地方のお婆さんが土を耕しています

　► Not bad. は「なかなかよい、悪くはない」の意味。

→ I'm fine, thank you. の I'm fine（大丈夫ですよ）は事務的で不自然な
　響きと感じる人があるため、次のような返答がオススメ。
　Pretty good.（とても元気です。）/ Great!（すごく良いよ。）/
　Couldn't be better.（最高だよ。）

→「調子が良くない」ときは、Not so good.（あまり良くない。）、ひ
　どい状態なら、冗談っぽく Terrible!（最悪！）などと返答します。

Hang in there.　頑張れ。《米口語》

半斤寝夜（ハンギンネヤ）　　　　　　　食パン半斤（はんぎん）を抱えて夜寝る

→「ハング イン ゼアー」がひっつくと、こう聞こえます。there の th
　が消えて前の in とひっつき、このように聞こえます。

→ Hang in there. は、「こらえる、踏みとどまる」という意味で、相
　手に向かって言うと、「頑張れ」となります。hang はもともと「ぶ
　ら下がる」という意味で、「そこでぶら下がる→我慢する」から来
　たフレーズです。

Almost!　おしい！

オール燃すと？（オールモウスト）　　　　オールを燃やすと、どうなる？

➜ クイズなどで正解に近い答えを言ったときや、ねらいが少し外れた
　ときなどの言葉です。

『前置詞』を使った英会話

Super Preposition
こんなにカンタンに、〝言いたいこと〟が話せるようになるなんて！

📖 「前置詞」を使った英語

　例えば、みなさんが、食事や宿泊をするときに、「価格はサービス料込みですか？」と、相手に尋ねる場合、英語でどのように言えばよいでしょうか？「〜込み」って、どう表現すればいいのか、考えてしまいますね。

　実は、With a service charge? ↗ でいいのです。
　難しく言えば、Does this price include a service charge? ↗（この値段にはサービス料も入っているのですか？）ですが、前置詞を使えば、with は「〜と一緒に」なので、「〜込み」をこんなにカンタンに表現することができるのです。

　目の前の商品が「税抜きで 386 円です」を英語で示す場合は、It's three hundred (and) eighty-six yen without tax. と言います。このように、「〜抜き」は without で表します。
　ここでは、日常会話でよく使う、色々な具体例をご紹介していきます。
　英語は前置詞が発達したことばですから、これを使いこなすことを覚えれば、英語での表現力は目に見えて、急激にアップしていきます。

with とにかく、何か「と一緒に」を表す

With a bath?　お風呂は付いていますか？《旅館・宿で》

With breakfast?　朝食付きですか？《ホテルなどで》

With ketchup, please.　ケチャップを付けてください。《飲食店で》

With milk, please.　ミルクを入れてください。《カフェなどで》

with care (=carefully)　注意して

I'm with you.　同感です。

Are you with me?　（私の言っていることが）わかりますか？《確認に》

without 「...なしで［に、の］」を表す（⇔with）

without mustard　カラシ抜きで《ファーストフード店などで》

without Japanese horseradish　ワサビ抜きで《寿司屋［店］などで》

without an appointment　アポなしで

without difficulty　楽々と

without expression　無表情で

without fail　きっと、必ず

without saying a word　一言も言わずに

at 時でも、場所でも「1点」を表す

時

at noon / night　正午［夜］に

at nine (o'clock) sharp　9時きっかりに

→ at exactly［just］nine (o'clock) も同意。・exactly〈イグザクトリ〉

at about six thirty p.m.　午後6時30分頃に

at (the age of) 20　20歳のときに

at the moment　（ちょうど）今は

場所

at the door　戸口に

at home　家に、在宅して

at the party　パーティで

stay at the hotel　ホテルに泊まる

～中で

at church　礼拝中で

at supper　夕食中に、夕食の時に

at a loss　困って

on とにかく、何か「とくっ付いて」を表す

on the wall　壁に

on the third floor《米》3 階に＝ the second floor《英》

→ 英国では 1 階を the ground floor、2 階を the first floor とするため、
《米》と《英》とでは、1階ずつ、ずれることに注意。

on my way to school　学校に行く途中で

on Friday 金曜日に ／ on Sunday morning 日曜日の朝に

on October (the) sixteenth　10 月 16 日に

This is on me.　ここは私のおごりです。《飲食店などで》

He's on another line.　彼は別の電話に出ています。line（電話回線）

off 何か「から離れて」を表す

Keep off the grass.　芝生立ち入り禁止《掲示》

get off the train　列車を降りる ⇔ get on the train　列車に乗る

off duty　非番で ⇔ on duty　勤務中で

off the record　非公式に、オフレコで

at 30 percent off the regular prices　通常価格の 30％引きで

in とにかく「〜の中に」を表す

in the cage　鳥かごの中に

in winter　冬に

in today's paper　今日の新聞で

in an hour or so　１時間ぐらいで

in January　１月に

in 2050　2050年に

in the future　将来［未来］に

in love　恋をして

in brown　茶色の服を着て

in sunglasses [shades《米口語》]　サングラスをかけて

between A and B　AとBの間に

between two and three (o'clock)　２時から３時の間に

Purple is between red and blue.　紫色は赤と青の中間色だ。

「時」を表す前置詞

till / until　〜まで

・till は主として口語的。一般に until の方が、使用頻度が高い。

until quite recently　ごく最近まで

until after seven (o'clock)　７時過ぎまで

from Monday till Friday　月曜から金曜［木曜］まで

▶金曜を含むかどうかは、あいまい。含む場合は、through Friday とする。

Closed till Monday　日曜日まで閉店［休業］《店の掲示》

▶日本語の「…まで」と違い、その日を含まない。月曜日開店の意味。

by　〜までに（は）

by eleven thirty a.m.　午前 11 時 30 分までに

by now　今ごろまでには

by tomorrow morning　明朝までに

from　「〜から」は起点、出発点を表す

from my parents　両親から

from behind the curtain　カーテンの後ろから

from now on　これからは、今後は

from morning to night　朝から晩まで

from Tokyo to Sapporo　東京から札幌へ

from country to country　国によって

to　「〜へ」は方向、到着点を表す

to Disneyland　ディズニーランドに

to the end　終わりまで

to the emergency exit　非常口へ

　　　　　　　　　　・emergency〈イマージェンシィ〉（非常用の）

to the south　南の方に

a nine-to-five job　9 時から 5 時までの仕事　to…（…まで）

It's five (minutes) to ten.　10 時 5 分前です。

　　　　　　　　➡ 10 時まで 5 分、すなわち、9 時 55 分。

It's (a) quarter to eleven.　11 時 15 分前です。

　　　　　　・quarter は「4 分の 1」なので、「15 分」を表します。

　　　　　　➡ 11 時まで 15 分、すなわち、10 時 45 分。

It's (a) quarter past《英》[after《米》] eleven.　11 時 15 分過ぎです。

It's three to midnight.　**夜中の 12 時 3 分前（23 時 57 分）です。**
　　　　　　・midnight は「夜の 12 時（午前 0 時）、真夜中」の意味です。
It's ten to midday.　**昼の 12 時 10 分前（午前 11 時 50 分）です。**
　　　　　　・midday は「昼の 12 時、正午、真昼」（＝noon）の意味です。

■■ 接続詞のところで出てきた after, before にも前置詞としての
役割があります。

after dark　日没後、暗く［夜に］なってから
Close the door after you.　入った［出た］ら、ドアを閉めなさい。
a little before five o'clock　5 時ちょっと前に

the night before last　おとといの晩、一昨夜《昨夜の前の夜》
　　　　　⇕　　　　　　　　　　　　　　・last = last night（昨夜）
the night after tomorrow [next]　あさっての夜《明晩の後の夜》

the day before yesterday　おととい《昨日の前の日(=two days ago)》
　　　　　⇕
the day after tomorrow　あさって《明日の後の日 (=in two days)》
▶「さきおととい」は three days ago /「しあさって」は in three days、または、
　three days from now と表現します。

the year before last　おととし《去年の前の年 (=two years ago)》
　　　　　⇕　　　　　　　　　　　　　・last = last year（昨年）
the year after next　さ来年《来年の次の年 (=in two years)》
　　　　　　　　　　　　　　　　　　　・next = next year（来年）

特　別　付　録
日常会話でよく使う
「お役立ち便利な
単語・フレーズ
レ　シ　ピ　集」

これって、英語でそのまま通じるの？ちょっと考えてしまう和製英語から、ふだんの生活でよく用いる英単語やフレーズまで、会話をスムーズにすすめるためのとっても便利な英会話用のことばを集めました。

『100文型の一覧』も付けましたので、暗記用や確認用にご利用ください。

実は、これでは通じない言葉

和製英語（間違い）　　　◎通じる、正しい英語

ホッチキス　　　　　　stapler〈ステイプラー〉
　　　　　　　　　　　▶「ホッチキス」は考案者 Hotchkiss の名前から。

ダンボール　　　　　　cardboard〈カードボード〉
　　　　　　　　　　　　　　▶「段ボール箱」は a cardboard box。

バックミラー　　　　　rear-view mirror〈リアビュー ミラー〉

ハンドル　　　　　　　steering wheel〈スティアリング ホイール〉
　▶ handle はドアや引き出し、バッグ、カップ、道具などの取っ手のこと。

クラクション　　　　　horn〈ホーン〉「（楽器の）ホルン」も。

コンセント　　　　　　(wall)outlet〈アウトレット〉《米》
　　　　　　　　　　　socket / power point《英》

ナイター　　　　　　　night game

モーニングサービス　　breakfast special
　　　　▶ morning service は、「教会の朝の礼拝」の意味になります。

モーニングコール　　　wake-up call

フライドポテト　　　　French fries /（potato）chips《英》

バイキング　　　　　　buffet party［style］〈バフェイ〉《フランス語》
　　▶ buffet はセルフサービス式の食事、（駅・列車などの）ビュッフェ。

ノルマ　　　　　　　　quota〈クウォウタ〉

リサイクル ショップ　　secondhand store

スマート　　　　　　　slim / slender
▶英語のsmartは「利口な、しゃれた」。日本語の「ほっそりしている」の意味はありません。

ナイーブ　　　　　　　sensitive〈センスィティブ〉
▶英語のnaiveは「単純な、世間知らずの」といった否定的な意味で使われることが多い。

ランドセル　　　　　　school backpack
　　　　　　　　　　　　　▶「ランドセル」はオランダ語の ransel から。

ペットボトル　　　　　plastic bottle

ビニール袋 / レジ袋　　plastic bag

ベビーカー　　　　　　stroller《米》/ buggy〈バギ〉

OL　　　　　　　　　　female office worker〈フィーメイル〉

アベック　　　　　　　couple〈カプル〉
　　　　　　　　　　　　　▶「アベック」はフランス語の avec から。

ゴールデンタイム　　　prime time〈プライム タイム〉

コント（寸劇）　　　　skit / sketch / bit

フリーター　　　　　　part-time worker

ノートパソコン　　　　laptop computer / notebook computer

クレーム　　　　　　　complaint〈カンプレイント〉
　　　　　　　　　　　　　▶英語の claim は「主張する」の意味。

アンケート　　　　　　questionnaire〈クウェスチョネア〉
　　　　　　　　▶日本語の「アンケート」はフランス語の enquête から。

スキンシップ　　　　　physical contact

会話にすぐ使える 便利な単語・フレーズ

お宝はココ！

家族関係

older brother（兄）　　older sister（姉）

younger brother（弟）　younger sister（妹）

uncle（おじ）　　　　　aunt（おば）

great-aunt（大おば）　　grandparents（祖父母）

grandfather（祖父）　　grandmother（祖母）

son（息子）　　　　　　daughter〈ドータ〉（娘）

grandson（孫息子）　　　granddaughter（孫娘）

cousin〈カズン〉（いとこ）　second cosin（またいとこ、はとこ）

nephew（甥）兄弟姉妹の息子　　niece（姪）兄弟姉妹の娘

身体

foot（足）足首から下の部分　　leg（脚）足首から上の部分

ankle（足首、くるぶし）　heel（かかと）　sole（足の裏）

toes（足の指）　calf（ふくらはぎ）　knee〈ニー〉（ひざ）

thigh〈サイ〉（太もも）　shin〈シン〉（向こうずね）

navel〈ネイブル〉（へそ）　waist〈ウェイスト〉（ウエスト）

buttocks〈バトクス〉/ bottom（お尻）hips は腰全体を表す

stomach（胃、腹部）　breast（乳房）　chest（胸）　hand（手）

arm（腕）　wrist〈リスト〉（手首）　palm〈パーム〉（手のひら）

thumb〈サム〉（親指）　nail（爪）　elbow（肘）　shoulder（肩）

neck（首）　jaw（あご）　chin（あご先）　cheek（ほお）

mouth（口）　nose（鼻）　forehead〈フォーリッド〉（額）

head（頭）首から上の顔を含んだ部分を指す

職業

cook（コック）　baker（パン焼き職人）　fisher（漁師）

flight attendant（(飛行機の)客室乗務員）　florist（花屋）

photographer（写真家）　hairdresser（美容師）

gardener（植木屋）　farmer（農場経営者）　carpenter（大工）

nurse（看護師）　family doctor（かかりつけの医者）

physician〈フィジィシャン〉(内科医)

surgeon〈サージャン〉(外科医)　plastic surgeon（形成外科医）

dentist（歯科医）　dental hygienist〈ハイジーニスト〉(歯科衛生士)

home care worker（ホームヘルパー）

tutor〈チューター〉(家庭教師)　pharmacist〈ファーマシスト〉(薬剤師)

scientist（科学者）　writer（作家）　interpreter（通訳者）

cartoonist〈カートゥーニスト〉(漫画家)

voice actor[artist]（声優）　entertainer（芸(能)人）

engineer（技師）　reporter（報道記者）　statesman（政治家）

receptionist〈リセプショニスト〉((ホテル・病院などの)受付係)

果物

apple（リンゴ）　pear〈ペアー〉(洋梨)　orange（オレンジ）

mandarine orange（ミカン）　banana（バナナ）

persimmon（柿）　peach（桃）　grapes（ぶどう）

lemon（レモン）　melon（メロン）　watermelon（スイカ）

strawberry（イチゴ）　cherry（さくらんぼ）

chestnut〈チェスナト〉(栗)　blueberry（ブルーベリー）

grapefruit（グレープフルーツ）　papaya（パパイア）

pineapple（パイナップル）　kiwi fruit（キウイ(フルーツ)）

loquat（ビワ）　apricot〈アプリコット〉(杏）Japanese apricot（梅）

野菜たち

キャベツ　cabbage　　　　白菜　Chinese cabbage

セロリ　celery　　　　　　タマネギ　onion 〈アニョン〉

ネギ　green onion　　　　なすび　eggplant

人参　carrot　　　　　　　アスパラガス　asparagus

ほうれん草　spinach　　　カボチャ　pumpkin / squash

トウモロコシ corn　　　　サツマイモ　sweet potato

キュウリ　cucumber　　　生姜　ginger 〈ヂンヂャ〉

えんどう豆　peas　　　　　タケノコ　bamboo shoot

カブ　turnip　　　　　　　大根　Japanese radish

ゴボウ　burdock　　　　　レンコン　lotus root

サトイモ　taro　　　　　　ピーマン　green [bell] pepper

ニンニク　garlic　　　　　ニラ　Chinese chives 〈チャイブズ〉

レタス　lettuce　　　　　　カリフラワー　cauliflower

ブロッコリー　broccoli　　ゴマ　sesame 〈セサミ〉《種実類》

表示・掲示

lavatory（洗面所、お手洗い）　　vacant（空き）《トイレなどで》

occupied（使用中）　　　　　　Fragile（割れ物注意）《小包など》

Detour 〈ディートゥア〉（回り道）　　Soft Shoulders（路肩弱し）

Dead End（行き止まり）　　　　Caution（注意）

Warning（警告）　　　　　　　Wet Paint（ペンキ塗り立て）

Keep out[off]（立ち入り禁止）　NOT FOR SALE（非売品）

One Way（一方通行）　　　　　On Sale（売り出し中）

Sold Out（売り切れ）　　　　　Flat fare（均一料金）《バスなどで》

Buy One Get One Free（1個買うと、もう1個が無料）

Out of order（故障中）　　　　Out of change（つり銭切れ）

No Littering（ゴミ捨て禁止）　vending machine（自動販売機）

交通機関

reserved seat（指定席）　　non-smoking seat（禁煙席）

non-reserved[unreserved] seat（自由席）

seats next to each other（隣同士の席）

round-trip ticket《米》return ticket《英》（往復切符）

one-way ticket（片道切符）

One-way or round-trip?（片道ですか、往復ですか？）

terminal（終点）　　express train（急行列車）

compartment（個室）　　conductor（車掌）

stopover（途中下車）　　limited express（特急列車）

local train（(各駅停車の)普通列車）

commuter〈コミューター〉train（通勤列車）

緊急時・非常時

Duck!　かがめ、頭を下げろ！　　Get down!　伏せろ！

Watch[Look] out(for the car)!　（車、）危ない！

Back up[off]!　下がれ！　　Behind you!　後ろ！

Stay down!　そのまま(伏せたまま)でいろ！

Freeze!　動くな!　Hold it! / Halt! / Don't move!なども同じ意味。

Get away!　逃げろ!、消えうせろ!

Hands off!　手を離せ!、さわるな!

Hands[Hold] up!　両手を上げろ！

Thief!〈スィーフ〉泥棒！　　Robber!〈ラバー〉強盗！

Tsunami warning! Please evacuate!〈イバキュエイト〉

津波警報！避難してください！

▶名詞の「避難」は、evacuation〈イバキュエイション〉。

見出し文に登場したレシピ 100 文型一覧

1　This is a pinecone.

2　That's a hippopotamus.

3　It's a lovely day.

4　I'm very hungry now.

5　Are you free tonight?

6　He's a vet.

7　They're newlyweds.

8　I know his secret.

9　I have little luck today.

10　Do you have Japanese foods?

11　I like my coffee weak.

12　I need your help.

13　I see a sunshine doll by the window.

14　I feel nervous.

15　Take it easy.

16　I can sleep in any place.

17　You can't use the copier now.

18　I'll call you later.

19　I'm copying a report now.

20　I'm going to stay home this afternoon.

21　"What's the date today?" "It's November (the) tenth."

22　Who is that lady over there?

23　"When is your birthday?" "It's (on) March 25."

24　Where's the fire?

25　How's your wife, Steve?

1　これは松ぼっくりです。

2　あれはカバです。

3　すばらしい日だね。

4　私は今、腹ぺこだ。

5　今夜、おひま？

6　彼は獣医です。

7　彼らは新婚だ。

8　私は彼の秘密を知っている。

9　今日はツイてない。

10　日本の食品はありますか？

11　コーヒーは薄いのが好きです。

12　あなたの助けが必要です。

13　窓辺にてるてる坊主が見えている。

14　胸がドキドキする。

15　気楽にやりなさい。

16　私はどんな場所でも眠れます。

17　そのコピー機は今、使えないよ。

18　あとで電話します。

19　私は今、報告書をコピーしています。

20　今日の午後は家にいるよ。

21　「今日は何月何日ですか？」「11 月 10 日です」

22　あちらにいるあの女性はどなたですか？

23　「あなたの誕生日は、いつですか？」「3 月 25 日です」

24　火事はどこだ？

25　スティーブ、奥さんはお元気？

26 Why are you so angry?

27 Give me some ice cream.

28 I was a fire fighter.

29 I chatted with my friends over tea.

30 I saw a cockroach in the kitchen.

31 Did you drink a lot yesterday?

32 I have to take in the laundry.

33 I'd like to see Mr. Adams.

34 "Can I borrow your umbrella?" "Be my guest."

35 Shall I peel an apple?

36 Let's take a break.

37 You should get more exercise.

38 What do you do?

39 How about you?

40 How much is this?

41 I've been awfully busy since last week.

42 I've just put on makeup.

43 Have you ever seen a UFO?

44 I have nothing to do with the matter.

45 Something is wrong with my vacuum cleaner.

46 Will you wash up the dishes?

47 Could you introduce me to your wife?

48 Would you like to drop in at my house?

49 Could I have some more coffee?

50 How can I get to the train station?

26 なぜあなたはそんなに怒っているの？

27 アイスクリームをください。

28 私は消防士でした。

29 お茶を飲みながら、友達とおしゃべりした。

30 台所でゴキブリを見た。

31 昨日はたくさん飲んだの？

32 洗濯物を取り込まなくっちゃ。

33 アダムズさんにお目にかかりたいのですが。

34 「傘をお借りしてもいいですか？」「どうぞご遠慮なく」

35 リンゴの皮をむきましょうか？

36 ちょっと休憩しよう。

37 もっと運動したほうがいいですよ。

38 お仕事は何ですか？

39 あなたはどうですか？

40 これはいくらですか？

41 先週からメッチャ忙しいの。

42 私は今、化粧をしたところです。

43 UFOを見たことがありますか？

44 私はその件とは何の関わりもありません。

45 掃除機の調子がどうもよくない。

46 お皿を洗ってくれない？

47 私をあなたの奥さんに紹介してくださいませんか？

48 ちょっとウチに寄りませんか？

49 コーヒーをもう少しいただけますか？

50 駅へはどう行ったらよいでしょうか？

51 How many kids do you have?

52 What time do you usually go to bed?

53 Please tell him to wait there.

54 Well.

55 Actually, I ordered lemonade.

56 To tell the truth, I'm a reptile lover.

57 Frankly speaking, I don't really like this color.

58 By any chance, are you a merry drinker?

59 You don't like carrots, right?

60 Go ahead and drink tea.

61 Between you and me, I'm in love with Naoki.

62 How come he's not coming with us?

63 That's why everyone likes him.

64 I think you're right.

65 I'm sure he'll come on time.

66 I hope you'll like this.

67 I'm afraid it will rain tomorrow.

68 I'm terribly sorry.

69 I hear she is expecting a baby soon.

70 The trouble is, I can't reach her by cellphone.

71 You mean I can't park here?

72 Mighty happy to meet you !

73 I habitually have a big breakfast.

74 I will love you forever.

75 I used to do radio exercises.

51 お子さんは何人いるの？

52 ふだん、何時に寝ますか？

53 彼にそこで待つように言ってください。

54 そうですね。

55 あのう、僕が注文したのはレモネードなんですけど。

56 実を言うと、私、爬虫類好きなんです。

57 率直に言って、僕はこの色があまり好きではありません。

58 ひょっとして、君は笑い上戸かい？

59 君は人参がきらいだったね？

60 どうぞお茶をお飲みください。

61 ないしょだけど、私、直樹のことが好きなの。

62 どうして彼は私たちと一緒に来ないの？

63 そういうわけで、みんなは彼のことが好きなんです。

64 あなたの言うとおりだと思います。

65 彼はきっと時間どおりに来るよ。

66 これ、気に入ってもらえるといいんだけど。

67 どうやら明日は雨のようです。

68 本当にごめんなさい。

69 彼女はまもなく出産予定だそうだ。

70 困ったことに、彼女のケータイにつながらないんだ。

71 ここに駐車してはいけないということですか？

72 お会いできて、とっても嬉しいです！

73 私はいつも、朝食をたっぷり食べます。

74 私は絶対、君を永遠に愛します。

75 以前はラジオ体操をやっていました。

76 I'm not used to spicy food.

77 Somebody is at the door.

78 As for me, I prefer beef to pork.

79 Have a fantastic weekend!

80 Don't worry so much.

81 Never mind!

82 Excuse me for being late.

83 Thank you very much.

84 "Thank you for your kindness." "My pleasure."

85 Here's your love letter.

86 There is a vase on the table.

87 By the way, how's your father doing?

88 Is this your first visit to Japan?

89 Turn right at the next corner.

90 Which is better?

91 My baby is three months old.

92 It is five years since we moved here.

93 What do you think of his clothes?

94 I'll have him come in no time.

95 I had my car washed at the gas station.

96 What kind of flower is that?

97 "How far is it from the station?" "About 2 kilometers."

98 How long is the wait ?

99 Why don't you take a rest?

100 Having fun?

76 私は辛い食べ物に慣れていません。

77 誰かが玄関に来ているよ。

78 私はと言うと、豚肉より牛肉の方が好きだ。

79 最高の週末を！

80 そんなに心配しないで。

81 気にするな！

82 遅れてごめんなさい。

83 どうもありがとうございます。

84 「ご親切ありがとうございます」「どういたしまして」

85 ここにあなたのラブレター（恋文）がある。

86 テーブルの上に花瓶がある。

87 ところで、お父さんはお元気ですか？

88 日本を訪れるのは、今回が初めてですか？

89 次の角を右に曲がってください。

90 どっちがいいですか？

91 私の赤ちゃんは、生後３か月です。

92 私たちがここに引っ越してきてから、５年になる。

93 彼の服についてどう思う？

94 すぐに彼を来させます。

95 私はガソリンスタンドで洗車してもらった。

96 あれは何という種類の花ですか？

97 「駅からどのくらいの距離ですか？」「約２キロメートルです」

98 待ち時間はどれくらいですか？

99 ひと休みしたらどうですか？

100 楽しくやってる？

おわりに

　多くの方々との出会いが、この本を作り上げてくれました。私の勤務する学校で、日々、英会話の授業を担当してくださっている英国人、アメリカ人、カナダ人、オーストラリア人のネイティブスピーカーの先生方からは、英語の日常会話について、貴重なアドバイスをいただきました。

　特に、職員室で私の左隣におられる Johnny 先生には、日本文化特有の行事の英訳から、英語独特の表現法、ユーモア溢れる挨拶ジョークまで丁寧に教示してもらい、多大なるお世話になりました。心より感謝いたします。

　また、この本が素晴らしい内容になるように、貴重な助言をくださったすべての方々に、この場を借りて深く御礼を申し上げます。

　英語を話したいという目標ができると、そこに向かって頑張ろうとする気持ちが生まれ、そこから、英語はあなたの日常に自然に入ってきます。

　「英語って、とても楽しいな、面白いな」そう感じていただくことが、私の願いです。英語が少しでも話せるようになると、自分のまわりの世界が何十倍にも、何百倍にも広がっていきます。

　最後までお付き合いくださり、本当にありがとうございました。この本を通じて、あなたとご縁ができたことを心から嬉しく思います。

　では、次の本で再会いたしましょう。

I'm looking forward to seeing you again!

（またお会いできるのを楽しみにしています！）

大井 正之

参考・引用文献　※特に岩田先生(故)、お世話になりました。

・もうチョットで英語は話せる　岩田一男、ヘンリー・シャフスマ　光文社
・英語に強くなる本　岩田一男　光文社
・たのしく身につく英語力　岩田一男　実業之日本社
・英会話ネイティブが教える話せるヒント100　ジオス出版
・英会話すぐ使えるフレーズ55　ジオス出版
・失敗から学ぶ英会話　ジオス出版
・英会話あと一歩　マーシャ・クラッカワー　光文社
・こんなとき英語でどう言うか　トミー植松　評論社
・ネイティブが教える英語の副詞の使い方　デイビッド・セイン　研究社
・もしもネイティブが中学英語を教えたら　デイビッド・セイン　アスコム
・朝から晩までつぶやく英語表現200　キャサリン・A・クラフト　筑摩書房
・好感度upのシンプル英会話　サマー・レイン　DHC
・高橋マリ子の英会話、だいじょうぶだよ！　高橋マリ子　草思社
・英会話なるほどフレーズ100　スティーブ＆ロビン・ソレイシィ　アルク
・英会話きちんとフレーズ100　スティーブ＆ロビン・ソレイシィ　アルク
・おもてなし　即レス英会話　NHK出版
・もっと伝わる！即レス英会話　NHK出版
・おとなの基礎英語100のフレーズで話せる英会話　松本茂　NHK出版
・基本マスターBASIC英会話　大井正之　語研
・英会話Englishセラピー　大井正之　ロングセラーズ
・この英語わかる？　知ってるようで知らない英語　大井正之　ごま書房新社
・シンデレラの6つの魔法があなたの「使えない?」英語を「できる！」に変える　大井正之　実業之日本社
・日本人だけが間違える英語　大井正之　実業之日本社
・中学英語の基本パターン81だけで英会話ができる本　大井正之
・中学英語だけで絶対に話せる101の法則　大井正之　以上、明日香出版社
・50文型ではじめる　かんたん英会話　大井正之　あさ出版
・スーパー・アンカー英和＆和英辞典　学研
・コアレックス英和辞典　旺文社
・ライトハウス英和辞典　研究社
・グランドセンチュリー英和辞典　三省堂
・ラーナーズプログレッシブ英和辞典　小学館
・ウイズダム和英辞典　三省堂
・アドバンストフェイバリット英和辞典　東京書籍

著者プロフィール

大井正之（おおい まさゆき）

・大阪生まれ。関西外国語大学英米語学科卒業
　と同時に高校教員となる。
・英国人、アメリカ人、カナダ人、オーストラ
　リア人のネイティブ英語教員と共に、高校で
　英語表現（英作文）、英文法、コミュニケーシ
　ョン英語などを担当している。
・英語研究においては、旺文社主催旧総理府・文部科学省後援の『全
　国学芸コンクール』社会人の部、研究論文部門で３度の受賞歴を持つ。
　発表論文は、『英語と米語の違い』『英語の語彙と言語研究』『英語に
　おける小説の発生』。
・旺文社『全国大学入試問題正解』（国公立大編・私立大編）の解答・
　解説の執筆や、大学受験用教材テキストなどの作成担当を歴任。

《おもな著書》
一般・社会人用実用書
・『中学英語の基本パターン 81 だけで英会話ができる本』
・『中学英語だけで絶対に話せる 101 の法則』以上、明日香出版社
・『基本マスター BASIC 英会話』語研
・『英会話 English セラピー』ロングセラーズ
・『この英語わかる？　知ってるようで知らない英語』ごま書房新社
・『50 文型ではじめるかんたん英会話』あさ出版

大学受験用学参書（店頭・学校採用本）
・『瞬間英文法』（新版）学研
・『スーパーダブルチェックシリーズ頻出英語』 受験研究社
・『高校トレーニングノートβ　英文法』 受験研究社
・『Points & Drill 英文法・語法問題』増進堂（高校採用テキスト）
・『直前 30 時間クリアー英文法』 開隆堂

☆趣味は、近鉄百貨店あべのハルカス近鉄本店の館内をうろうろする
　こと。ウイング館地下２階の食品売り場によくいる。ほぼ毎日、閉
　店時刻の夜８時 30 分までいるので、店員さんとは顔馴染みである。

◎著者への連絡や、執筆・監修・吟味・授業・講演などのご依頼、本
　書の内容に関するお問い合わせなどは、自由国民社（〒 171-0033
　東京都豊島区高田 3-10-11）編集部まで。

Special Thanks to

株式会社近鉄百貨店　広報・ESG 推進部 部長　柏原千尋
K'ntetsu 近鉄百貨店あべのハルカス近鉄本店
近鉄百貨店あべのハルカス近鉄本店　各階売場のみなさん

本文イラストレーション：shiron
株式会社ラポール　イラストエージェント事業部

音声収録：一般財団法人 英語教育協議会（ELEC）

ナレーション：Jack Merluzzi

1週間でひとりでに英語が話せるようになるすごい方法

2024年（令和6年）7月8日　初版第1刷発行
2024年（令和6年）10月6日　初版第2刷発行

著　者　大井 正之
発行者　石井 悟
発行所　株式会社自由国民社
　　　　東京都豊島区高田 3-10-11　〒171-0033　電話 03（6233）0781（代表）
造　本　ＪＫ
印刷所　株式会社光邦
製本所　新風製本株式会社
©2024 Printed in Japan